Cherry Coke

bottle 1

outa umi

prologue

はじめに

ちょうど10年とすこし前、学校を出たものの「これだ！」というお仕事のなかった私は書店のアルバイト店員で、時々市販されていない予備校誌にお小遣い稼ぎ程度のイラストを描かせてもらっていた。

そのときは、自分がなにをしたいのかもよくわからず、まさかイラストで生活ができるなんて、想像もしなかった。書店バイトの方がメイン。ほとんど誰にも言わなかった絵を描く仕事は、たまにもらえる秘密のボーナスみたいなものだった。

23歳の夏、書店に並ぶ雑誌に、初めて自分の絵が載った。それが、自分の持っている服を好き勝手に描いた、「チェリーコーク」である。

発売日当日は友人と旅行中で、みんなで騒ぎながら地方の書店に行ったのを憶えてる。ケント紙も、トレペも、カラーの塗り方も、「編集者」という人々も、なにひとつ知らなかった。ただ、印刷された自分の絵のあまりのひどさに、この連載もすぐ終わるんだろうな、と、これからを憂えた。

あの頃友だちとやりとりしていたfax通信そのままの内容。そのfaxが、いつの間にかいろんな女の子のおうちに流れた。

「ほんとに自分の服を描いてるの!?」連載から10年経って、ようやくそう言われなくなった。1枚の紙を受け取った、顔を知らない彼女たちが、そのことを知っててくれた。

私を、「本を出すひと」にしてくれた最強の1ページ。こういうの、ライフワークって、呼んでいい？

チェリーコーク。薬っぽくてどうも好きになれない味の飲み物。何年も飲み続けるなんて無理、そんなふうに思ってたのに。

弾けるピンクの泡の力は、どんな魔法より強力。信じられないほど遠くまで、私を飛ばしてくれたもの。

Contents

002：　はじめに

006：　Cherry Coke 2004
008：　Vol.69　「30になった私の挑戦!」
009：　Vol.70　「2月は美ジュアル月間だ」
010：　Vol.71　「春色オーガンジー」
011：　Vol.72　「久々の大物買い」
012：　Vol.73　「妄想♥男子服」
013：　Vol.74　「夏はフワフワン☆ピース」
014：　Vol.75　「バカンスに出かけましょう」
015：　Special Selection of Cherry Coke☆Real item☆
016：　Vol.1　「8月のムートンブーツ」
017：　Vol.2　「ありあわせルック☆」
018：　Vol.3　「冬もやっぱりらくらく着♥」
019：　Vol.4　「年末進行がお友だち」

020：　Cherry Coke 2005
022：　Vol.5　「今年はちょこっとゴージャス」
023：　Vol.6　「good girl, BAD GIRL」
024：　Vol.7　「bloom bloom bloom」
025：　Vol.8　「春はやっぱり桜モチーフ」
026：　Vol.9　「おうちから蔵出しコーディネイト」
027：　Vol.10　「10年振りの大幅断髪!」
028：　Vol.11　「クラブとテキーラってすばらしい!」
029：　Vol.12　「school girl♥lovely」
030：　Vol.13　「今年の秋服。」
031：　Vol.14　Another Cherry Coke「2wayコーデ」
032：　Vol.15　「愛羅武ヤンキィ♥」
033：　Vol.16　「CHECK☆CHECK☆CHECK」
034：　Special Selection of Cherry Coke☆Real item☆

038： Cherry Coke 2006
040： Vol.17 「年明けはお裁縫三昧♪」
041： Vol.18 「セールで大量Shopping☆」
042： Vol.19 「ママと小渕沢旅行」
043： Vol.20 「コサージュたちが大活躍!」
044： Vol.21 「神戸でオシャレ講演会!」
045： Vol.22 another Cherry Coke「フロント見せて♪」
046： Vol.23 「Tシャツは楽し♡」
047： Vol.24 「線画プリントだーいすき♥」
048： Vol.25 「秋色ワンピース」
049： Vol.26 「秋の着まわしファッション」
050： Vol.27 「I wanna be a rich girl!」
051： Vol.28 「萌え萌え♡コーディネイト」
052： Special Selection of Cherry Coke☆Real item☆

056： Cherry Coke 2007
058： Vol.29 「お役立ちタートルネック」
059： Vol.30 「春めきロマンチック♡」
060： Vol.31 「花咲く春ワンピ」
061： Vol.32 「ビーズ刺しゅうと通販生活」
062： Vol.33 「♥アイラブローチ♥」
063： Vol.34 「セールの戦利品でお嬢さまコーディネイト」
064： Vol.35 「北海道に行って来たよ!」
065： Vol.36 「ドレスやレースにMBT!!」
066： Vol.37 「GO!GO!スリランカ」
067： Vol.38 「アイラインをビッと引け!」
068： Vol.39 「クリスマスのかざりつけ☆」
069： Vol.40 「冬のドレス三昧」
070： Special Selection of Cherry Coke☆Real item☆

074： Cherry Coke 2008
076： Vol.41 「リボングッズがとても好き。」
077： Special Selection of Cherry Coke☆Real item☆
078： Vol.42 「ラグジュアリーでセレブ気分♡」
079： Vol.43 「春はワンピースの季節なのだわ。」
080： Vol.44 「昔のお洋服ひっぱり出し月間」
081： Special Selection of Cherry Coke☆Real item☆
082： Vol.45 「風を感じるエスニック」
083： Special Selection of Cherry Coke☆Real item☆

084： ☆ hair & Make ☆
094： NUSYコラボ「inu」item
100： 下町oedoさんぽ

110： おわりに

2004

Fashion topics

- 若い女性　中年男性の間で「モテ」がキーワード
- 「セレブ」ファッション流行
- 黒ジャケット＋デニムコーデ流行
- アキバ系
- 渋谷でセンターＧＵＹ発生
- ピンク　グリーン大流行
- ヒラヒラ　シフォン　リラックステイスト

この年の夏に、ジッパーちゃんとチェリーコークが出逢い、連載させていただくことになりました。この時いちばん熱心だったファッションアイテムはムートンブーツ。3本買って、じくじくに湿気た真夏の日本で履いてやった！　当時は、「夏に履く」が良し、でした……。アメリカの!!

完全夜型生活によってお肌が破綻しており、友人と着飾って皮膚科に並び、そのまま呑んで踊りに行くという、本末転倒な日々を送っていた頃です。

2004年の私の流行、もうひとつは「リッチな巻物」！　パリで買ったヴィトンのカシミヤストールと、六ヒル限定カラーのISSEY MIYAKE by NAOKI TAKIZAWAのドット巻物は、今でも秋冬の定番。古着のTシャツに巻いたりするのが好きです。

カンゴールのハンチングを引っ張り出してきた年でもあります。なんと高校時代のもの！　チューチュートレインよねぇ……。

Cherry Coke (69)
OUTA UNI
祝30才
スル
スル
スッ
わーーキモ〜
「来年で四半世紀」とかゆってやがる!!
↑このころから「来年結婚する」って言ってますが。
すんごいびっくりなんだが、チェリー連載スタート時って24とかだよ!! 24って!!
2月でうにもついに30才! めざせ!! トランタン テリーブル!! (おそるべき30代)
こんにちは——
大人の女性のクラース感を出すために、やっぱりアクセサリーなどは高級志向で。クレアーズで380円
30になった「私」の挑戦!! ↑女性誌見出し風
「デキる女」はあえて薄着。着ぶくれは品位を損なう。まるでその女の人生を象徴するようだ。
メイクは「誘う唇」目指して、やはり限定コスメをおさえておきたい。PNのクリスマス限定グロス。(マジで!!!)
着こなしがむずかしく、着まわしのきかないダウンベストにあえて挑戦したい。GAP Kids 3000円くらい。
インナーには最先端のハイテク素材(フリース)をチョイスしてトレンドセッターぶりを発揮して!
孤独聖夜(ひとりクリスマス)「自分へのごほうび」
ベストは逃げ足が遅くなる30代には必携のあざやかカラー。これで夜道も安心。自分の身を護るのも都会の女の常識。
今年ブレイクしそうなブラジリアン★テイストをいちはやく着こなして。きっと本場ブラジル価格! セレクトショップ109-②で2900円のスカート。
どこが?
大人の女は脚を見せびらかさない、冷やさない。スパッツ1000円。
オフィスにむかうアップタウンはベーグルをかじりながらナイキで闊歩。デスクの下にはパンプスを忍ばせて。
私は子供の頃から「何年後」などの意味がわからんタイプだったので
いちばん困る問い
「将来の夢」……?
べつになし… ほんとにわからん… みんな持ってるのか…?
不安
「子供の頃、30才っていうのはもっと〜だと思ってた♥」みたいのがまるでない。
しーしー
30代〜? なんだそりゃ喰えんのか?
年とるの大スキ!!
精神的にはね。カラダはねー。
紙井(重里)さんがねー、30のたんじょう日にしてたことが、これから一生やってくことだって言ってたよ。
紙井事務所モギちゃん(同い年)
ちなみにあたしは仕事で徹夜してた
へーー
この先一生!!
私の一生がかかっています!! みなさん死ぬ気でよろしく!!
今年だけでも!!
↑消極的。

理想の女
Cherry Coke
Vol.70
Outa* Uni
引っこし時になぜか100均で買い、おとしてバリバリこわれてるのに使いつづけている鏡。ものすごくビンボーくせー。
ムフ♡
ブラ〜ン ぐる〜ん
バッハ。
加えて色んな友だちのパーティを山ほどやってたら破産!!!
とにかくヒフ科に!!!
半年ぶりに美容院へ!
数年ぶりにメガネつくりに!!
と、いさましくシュプレヒコールをあげた2月。
2月は美ジュアル月間だ!!
ゴー
明日B.Dなのに過労性胃腸炎で死んでます…。
ビームスにミッキーのついたパンプスがあるんでしょ? ほしーい!!
ミッキー
ミニー
久しぶりに買ったメガネ。やっぱり白山眼鏡店で。重いけどカワイイの。
むかーしビームスではじめて買ったラインストーン星ネックレス。
いつも春は前髪を作るか否かで迷うんだけど、今年はまったく迷わずセンターパーツ!!
マライカで1200円くらいの月星ピアスに昔渋谷で買った星ネックレス。むずかしい存在なの。
あとほしいもの♡
ティファニーのプラチナ&ダイヤの月と星。2コ買ったら60万!! コーワーイー!!
ヴィトンのレタードネックレス。これも30万弱。スゴイお値段!! 車か!!
109-②でなんと1000円のデニムサロペット。すごい便利。
ブルーデニムバージョンもあるのだー♡
ビームス前の女の子ショップで購入。リボン部分のサテンがややテラテラと安っぽいのが気になるのだが…。
ユニクロデニムにPJのオートミール色レッグウォーマーに
シルバーのくつ♡
ブラジャーしないで外出できる…✦

オヤ?
ニット帽アツイ…
超絶スケジュールの1月2月を生きのびて、気づいたらすっかりでうっかり?春!!
はーるーだーよー!!!
↑オジー(©棟津)で。
Cherry coke
71 OUTA UNi
今欲しいのはバターケース
←木
←陶器
むかし実家で使ってたようなのがいいなー。
持ってくたんびにみんなに大人気のNICEの桜バッグ。
2900円くらいかな?
大人気♥
あの状況の中、一体どうやって入手したのかはなはだ不明だが、ちまちま春グッズを買っている。
ついに血迷った!
30女のひざ出しナマ脚!!
しかもふとい
たん生日にケンスケからもらったアンティークのかんざし。朱色の玉と蝶々つき。
サイン会でもおくりものいっぱいいただきました。ありがとうございます―!!
ピアスは妹からのかりもの。青い石でゴージャス♥
去年あたりに109-②で(またかよ!?)買ったカーディガン。色がスキ♥たしか2000円してない。のっぺりしないためにボタンをズラしてつけてます。ワザトダ!!
ベトナムでつくってもらったへんなワンピース。本当は上の部分がTシャツ素材になるはずだったのに伝わらず、共布になってしまってドレッシー。さらに、かけてくれたオーガンジーは生成りのはずだったのに光沢のあるものすごい白で、安い結婚式みたい。ガーン。
いちおうつづいている名古屋ブーム。リボンとまき。
ほんの数日のあいだにブーツを3足買った♥
エヘ
オープントウのビニールのものは109-②で6800円!黒と白の2足買ったよ!
クリアヒール。
ちょっぴりスパイシーなかんじ
どうやってはくんだろう…
スパイシーって。
服ないじゃん。
これは去年?いつだっけ?けっこう前に渋谷で7000円くらいで買ったスケスケワンピースみたいなやつ。下にPJの黒スリップを。
生
むっちむち。
歩いてるとおちてきてカワイイの。
OKIDOKIを通りすがった瞬間に目が合ってしまったディスプレイされてた春ブーツ。
ナマコエ〜ル!!
ぴったりサイズ!!
ここにきて足までナマなのか!!!
キュ〜〜
ブーツの下にはぶあついくつ下をはかないとイヤな私
ただし はだしの状態で!!
むちーん!に

そして!! 久々の 大きい お買いもの!
丸ビル→
もしかして ブランドものメインって はじめて登場!!
初めて行った 丸ビル付近の ギャルソンで!!
お店の方もとても 親切♥ 同じ名字 だったー。
ここんとこの 超ステキな お買いものはコレ!
Sweat!
札幌で 教えてもらった すんごいナイス 古着屋さんで!!
また行きた〜い!! ほんとに!!
ベリー チェリー コーク ブライス
ミヤコサン アリガトウ!
チェリイコーク
オオタウニ
72
comme des garçons で 高級ジャージを 買ったよー♥
うでが むっちむち!! 病なのかも! 病なのかも ネッ♥
だから キャミ とかより
タンクトップ
スポーティ スパイス!!
それに 日吉時代に 買った 子供用 おもちゃ ネックレス。「you and me」 あなたと わたし。
青ジャージの プリーツ。なのにすこぶる ドレッシー♥ 形も発色も とてもキレイ。3万円くらい でした。
くつや くつ下で まったく ちがった 表情に なり そう。
1
明らかに にせもん くさい ミッキーの トレーナー。2900円。
先月号に 描いた バターケースを、なんと 担当 ヤマニシ さんが プレゼント して くださった!! キャー♥
2
「汚ー」と 呼んでいる よせがき スエット 3900円。
書いてある ことばも LOVEとか めちゃ!とか やらせくさいが ナイス チョイス!!
1500円の プーマ 缶バッグ
さっぽろの くつやさんで
3
大スキ!! キャンディ カラー タイダイ の スエット 1900円。大きさと シルエット的に スカート の方が 合う みたい。
ハッピー!!
もー毎日 たのしいぜ 30代!
ここんとこの たのしみは コレ!
100均で大量購入 したビンにお茶を 仕分けすること!
それかよ…
ラベルを 貼ってわかりやすく しています♥
が
ズラリ
分けたはいいが 置く場所がない!
けんちゃん ヘルプミー!!
キッチン用の ひとりで 組み立てられない たなを買いに またもパルコに ゆかねば
3コ目

リハビリと呼ぶ作業です。
ギラリ
古タオルを何10枚もぞうきんにしたりする、ひとり手芸部です。
ムフー
私は以前から、急に思いたって夜中にテディベアーを20体つくったり
うそ日記をかいてみたり
ちく ちく ちく ちく ちく ちく ちく ちく ちく ちく
逃避中
今回はブライス人形のお洋服を44ほどつくっています。あーたのしい。
部活のみんなのぶんも
バーン
「使わないもの」（ハギレなど）が、「使うもの」に変身するところがスキ♥
ガングリオンできてる右手
ガー
仕事と同じく右手と目をつかうものばかりなんだけど
もう夏近いのにスエットやジャケットのコーディネイトなのは、考えたのがバレンタインデーの夜だったから♡ さおわってる!
↑全部お見せしたい。
5/1に私のホームページがリニューアルオープン!! テツヤさん、コウタロウさん、ミナミさん ありがとー!! ラブ♥
同じくリハビリ?として、勝手に男子服コーディネイト!!!で友人と盛り上がったり。
たまーにだが
妄想男子服
Cherry Coke 73 OUTA UNI
ピンク系ですよあなた。
レーシーなヒョウ柄まきものですよ。
ちょっと前に考えたのは
わたくしはむとんちゃくなくらいの人がスキです。
同じトレーナーでまったくちがったコーディネイト♥
古着のミッキートレーナー
テキトーなかみのけ。
チラ見せにハデでステキなさし色!! ムラサキ赤、ターコイズなど。時計もその色なの♥
私たち女子が着るときもそうだけど、同じ服を合わせるもので全くイメージチェンジさせるのは面白い!!
↑古着のベロアジャケット。に、アクセサリーバリバリ⚡つーか!! ティファニーのりんごとダイヤモチーフのGOLDがほんとにほしい!!! だれか〜!!!
とくに女の子はメイクやアクセサリーがあるからねえ。
いっぱい着られるし!!
↑古着デニム
ナイスな丈
でかい手
←コーディネイト??
←へんな色のコールテンパンツ
たまんねー!!!
単純に私は右の子みたいのがスキ!! 友人の好みは左です!
そして、ミッキーのトレーナーがすごくスキ!!
でも描けない!!
なにやら高い革ぐつ白ってのがもーさー。それでGOLDなのよ(妄想)。
↑でっかいスニーカー。へんな色。
↑色んな色で。

CHERRY COKE
Vol.74
UNI OUTA
ちょっと前の話だが、N.E.R.D.のライヴに行ってた。ら、
おしゃれがいっぱい!!
裏の原宿!!
コワイ
ふだん「おしゃれな男子」と接点がまるでないためおびえる30代。
スーパー閉店前の生モノ半額セールできたえたパワーにて、ライヴ途中最前線へすすむ30代。
すでにかなりよっぱ。
ヨユーだなオイ
スイ
スイ
オシャレ男子
ガッ
ガッ
ライヴの鬼のおかげで→
大量の酒!!
けっこうスイスイ行ける。
本気でファレルに抱かれたい♥女子が闘っていてすげーーおもしろかったです!!
ラゼーなんだこいつは
↑前2列だけ! ガキ女のヒジ
肌が弱まっているので今はちょっとお休み中ですが、石モノネックレスはやくつけたいよーー。
←クリスタル星入り。2500円
黒い石
でかい
とうめい石
石はカワイイなあ。
そして大流行中!!
今とっても大スキ♥
ピンキーリング★
すべて109-②マライカで購入。1800円のハラコサンダルも!だが、4回も変えてもらったいわくつきすぎの一足…。
今髪色はブライスバウウウポンチョ系。
夏はラクラク
フワフワワンピース
冬にはメヌエット色にしたい。
ストレス過多で背中と胸にしっしんが!!
↑サイアク。
一度こうやって破壊されるとちょっとしたことでもピリピリ傷むようになって。
肌が元に戻るには1ヶ月かかるんだって
それゆえ(?)やたらと風とおしのよさそうな服ばかり購入!
←ラ・クレオールというよく行く渋谷のお店で6800円。とてもカワイイ。
みんな布のうすいスモック風ばかり。
あとはトングサンダル
4足買った。
カラフルゴムとポンポンつき
1000円くらい。
そんな私が愛しのファレりんにもっとも言いたいこと。
I need Sexy girl friend!!
つねに半裸
もう似せようとかいう気は失せた。
ブリン
ブリン
サファイヤ&ダイヤ
それちょうだい!!
What?
CDも買ってんだ!!
本物のでかい宝石って、キレイだねえ♥
いまだに男子から宝石をもらったことがない哀れな30代。
うっとり
輝きがちがうわ。

Cherry Coke 75
最終回!!
OUTAUNI
THE LAST TUNE
なんと今回で最終回です!!
キャーーー
突然ですが、愛し愛されて6年以上もつづいてきたチェリーコークが
みなさまこんにちは!!
あれから6年…絵がブレたり成長したりほんとうにビーズupにはお世話になりました!!
本もいっぱい出していただき、小岩井も行かせてもらったりたのしかった♥
祝卒業
なんだこれは
あまりのヘタさにソットーした
くらっ
あの旅はおもしろかったねー。
6年前の夏、旅先の高山の本屋さんで初めて掲載誌を見たとき
UP
チェリーを持って、うにはバカンスに出かけまーす。
109-②で500円のチェリーワンピース
最近とってもセレ部への入部を希望しているので、とりあえず馬鹿ンス♥気取ってお出かけよ!
ピアスは大ぶりがステキ♥
バカンスに出かけましょう
去年の夏に109-②で700円。ピアスは金銀2色買い。
PJで2900円くらい?のパイル地ボーダーサマーワンピース。肩ひもがリボンでカワイイ形。
ほとんど使ってないヴィトンはビーチ仕様。だから中がパイル地なの——♥
ほんとはこのシリーズので、でっかい青いやつが欲しかった——。今でも欲しい——。
足元はサンダル。スニーカーでラクしてたので、やわらかくなってるヒフがいっぱいダメージを…。
ひとめぼれ
して迷ったあげく買っちまいましたよ 49,000円のルイ・ヴィトンサンドレス!!! ガタイがいい女のほうが似合うサイコーの形!! キャー♥
あーバカンス行きたいよほんとに…。
今までビーズupで応援してくださった読者サマ!! バカンス先で再びお逢いしましょう!!
みなさまほんとにありがとう!!
I do Love You!!!

Special Selection of Cherry Coke

Vol.75

Peach Johnのサンドレス

「パイル地でボーダー」に弱いわたし。別型の方はナイティとしてよく着るのにこちらは未着用。来夏は着ましょう。

ヴィトンのリゾートワンピース

これが「ルイ・ヴィトンで唯一5万円切り」のベビードールワンピース。かなり胸が開いているので、冬にタートルネックと重ね着することが多いです。

ヴィトンのスイミングバッグ

中にふかふかのパイル目隠しがついている！もっとも「OLさんぽい!」と思っている鞄のひとつ。他にターコイズやマンダリンカラーがあって、実はかなり夏!のビーチバッグなのでした。

Cherry Coke
OUTA UNI
VOL.1
Zipper初登場!!!
はじめましてのお客様。このコーナーは私の個人的なお洋服自慢の場でございます。
♡ムフリ♡
ふつつかな嫁きおくれですが
私の最愛のベイビーことチェリーコークがこのたびZipperにおじゃましました。これからどうぞよろしくおねがいいたします。
コンニチハー!! みなさま初めまして! おおたうにです♡
こないだジェル・ネイルやってもらったよー
ツメがかわいいと女子はうれしい
うっとり
キャンディーをカラー先に。
私はツメをのばすのが苦手なので、みじかいままやってもらったんだけど、ヨーヨーみたいで超カワイイ♡♡
こんどはどうしてもらおうかなー
L.LOVES R.NAIL 03-3400-8101 だよ。
たのしみ♡
秋本番!! やっぱり秋はおしゃれ命がけだもんね!!
ではまた来号～。
←すごいこと言ってんなー。
8月のムートンブーツ
ラインストーンものはギャル店で買う。
フープピアス大スキ!! でかいほど良い。
そでなしとマフラーってもう!! 大スキ♡♡
二子玉川のフシギな古着屋で2000円くらいのフワフワベビードール。胸のとこに刺しゅうのあて布つき。だけどスケスケ。下にはPJの、同じくフワフワベビードールを着用。下着もスキ。
GAP(大!!スキ!!)のストレッチ水色デニム。いくらだっけ?
夏からムートン♡(セレ部だから) これも市販丸出しがイヤなのでラインストーンぬいつけたの。大変だったわ…。
ムラサキスポーツで1050円だった金ラメのぼうしにラインストーンつけたの。
パパとママがお土産にくれたスワロフスキーのキラキラリストバンド。色ちがいも欲しいなー。
お洋服を愛しつづけてはや幾年…
ほう…
でもね、ほぼすべてが古着や安物なんです。
それが今や
たまりにたまったお洋服、なんと2部屋分!!
しまらない…!!
ぎゅうぎゅう
おねがいです!! どなたかお洋服ごと私をひきとってくれる方、あらわれて～!!!
ゴーン
独身三十路越え

cherry coke vol.2 OUTA UNI
雨降って地固まるとは言いますが…(年寄り発言)
低血圧の私は、低気圧の日はほぼ生きてません!!
毎月ひどくなるぞ
起き上がれない…
こんにちはー!! 現在ココ東京は雨だらけ!!
9〜10月調べ
キノコ生える
食欲の秋〜
仕事仕事の連続でよー
服〜? そんなもん買ってねえよ!!
雨降りでもかたくなに部屋干し続行中!!
ムダにラブリー♡なねまき、めがねと合わなすぎ。
資料の山
あ!そうだ!! こないだ自由ヶ丘のエスニック屋さんでブレスレット買ったの♡
ローズクオーツ
18000円 32コ
がッ
買って数時間後に友人に
あら、ここだけ1コないのね 石が
と言われ
失神!!
オシャレカフェーにて。
おとした!!!
しかし後日、カフェに行く前に練り歩いていたなじみの古着屋さん見つかったと連絡が!!!
キャ〜
男子に宝石?をもらった初めての経験…
これっスよねー?
まさに奇跡!! さすがローズクオーツ!!
これでラブはいただき!!
日々ありあわせルック☆
時間つぶしでちょっくら流した109のshoopで3000円くらいだったアンゴラハンチング。
クレアーズで300円と1000円のフープピアス。
2年くらい前に代官山のDC古着屋で買ったアンゴラキャスケット。
ミッシー・エリオット的シルエットでライカBガール♡
石は出逢いだ
とかいってやたら買ってるペンダントヘッド。出逢いすぎだ。
年とってきて、「肌ざわり」とかにうるさくなったので、巻きものは良いのにしている。
パリで買ったヴィトンは日本より2万円安。なんだって!?
金や金银のニットって大〜スキ♡ 糸が悪いとチクチクギシギシして着にくいけど。そして、自由ヶ丘の古着屋さんで4000円もしたこのニットはまさにそれです。
下にスパッツ スケーター みたーい♡
テキトー。
10年以上前に買ったボロボロのLeeをカット。
are you gonna be my girl?
デニムも出逢いだ
ということで?1200円のGAPデニムもよくはきます。
くつ下はリブあみがスキです!!
こちらもパリで買ったナイキ。ヨーロッパ限定ってほんと?

CHERRY COKE 3
OUTA UHI
今年はどうしようかー？女でもよ。
しかも気がつけば世の中すでにクリスマス!!
年末進行さん
この流れにのりおくれて一体何年たつんだちきしょー。
お友だち♥もう10年来デス！
すでにこの辺りまで黒く、天パでカブトガニみたいな形。
たいへんだ～
ざんしんなヘアースタイルでもごまかしきれぬぼさぼさぶり。
まったく美容院に行けません!!
ある日突然後頭部から大量出血!! おフロで。
高3のころ（あっさり12～3年前）買ったカンゴール。
石野卓球にZOOの影響。
イェー!! クラブDADA～!!
ハンチング似合わない!!と思いこんでたけどサイズの問題でした。
ナナメかぶりにフープピアス。
自由ケ丘の古着屋78で2000円弱だったティンバーランドのブカブカロンT？お父さん!!みたいなやつ。
うっかりB Girl!!
あー踊りに行きたい。
「今冬はムートンブーツしかはくな！おもしろいから!!」と友人に言われたのでそうしています。
台風の日もこれをはき、クラブでも旅行でもすべてムートン。
はやく美容院に行きたい…。
マライカ（109-②）で買ったピアスは1500円で、なんと鈴。コロコロといい音がする。
これもマライカで2500円だった袋ワンピース。四角い布を2枚つないだだけのおもしろデザインに刺しゅう入り。私には首元がつまりすぎていたのでタテにカットして同じようなサーモンピンクの刺しゅう糸で
こういうふうにリステッチしたの。首まわり全体。
タグもカワイイのでつけっぱなし。
ビームスで買ったピンクのムートンブーツにもサーモンピンクのラインストーンつけた。ボアの色が甘くてカワイイ♥
これが出るころには歯医者さんでオペかも!! 年よりくさい…。
外出するごとに色んなもの購入中♥
六ヒルのISSEY MIYAKE BY NAOKI TAKIZAWAにて3万円だった超でっかいストール。六本木限定カラー。
ニヤリ
れっきとした買い物依存!! しかもすべて冬じたく。
みんなのオススメ✦デロンギオイルヒーター
あと欲しいのはGAPのベロアジャケットとかねー。
コートちょっといいヤツ買ったよ♥ Y'sの黒!! かわいいやつ。
昔OKIDOKIで買ったフワフワスカート3900円。
気づけばお金ちまちま使いすぎ!!!
BGMはやはりものHIP HOPナリ。
年こせるのか!?
じっと手を見る
結婚線今年もなし!!!
はたらけどはたらけど…
冬はたん生日とかパーティが多いのよ～。

チェリーコーク4 オオタ門二
くらいだらだらしている
ごろ
際限なくねている
というか、それまでの方が忙しかったせいでマヒしてるのね〜
でんわしかしてない。
さすがにもう何年もやってるせいなのか、年末進行中のはずなのになにもしてない気がする!!
さむい!!
致命的
家が!!
ベストなだけに捨て曲なし!!
修正入りすぎのジャケ。いいな
只今絶讃流行中なのが平井堅!!
唄うために聴くのだ。
つーかほぼ全曲持ってるじゃん!な、ブリのベストの方が良かったよ
ぜったいこの全員ロングパーマのせいだと思う!!
たのしみにしていたデスチャのアルバムが大人っぽすぎてビミョー。
少女でいてくれ〜
109-②マライカで1000円くらいだったピアス。限りなく大きいのがスキ♡
「重くないですか?」と会う人会う人に訊かれましたが、超軽量プラスチックです。「石に見えるシリーズ」は便利で安価。
ネックレスは自由ケ丘のおばさまカフェにて1000円。と黒い石〜。
これも109-②で買った、イミフメーな形の上着。すごく使えない?
5月に頼んでわすれてたら、11月にようやく入荷したラクラクパンツ。スカートみたいなの。3500円したよ!!マライカにて。
ボワボワファーのサボ?
冬もやっぱりらくらく着♡
そんなことばっかりしてて あとは寝てるか喰ってるか喋ってるかなので(イタリア人みたい)あんまり服買ってないの。
原宿のANAPで1800円だったプラスチックのピアス。キャンディみたいですごくカワイイ♡
2ヶ月くらい前に実家で発掘した500円くらいの古着カーディガン。背中やソデにでっかい穴あいてる。のを、ボレロのようにピンでとめております。
44カカで去年購入したワンピース。カーディガンのせいでボワン♡とふくらむのでシルエットがおもしろくなるよ。こういうエスニックのワンピースがとてもスキ♡冬でも着ます。
しつこくね。
それらをいっぱい持ちよって、今さら『俺たちベストCD』づくりに精出す2004年★年末…
これ入れましょうよ明菜明菜
ニシシ
真剣
本職の絵描きとデザイナーによるあまりにもバカバカしいデザイン制作。
今までで最高の「俺たちジャケット」は
コレだ!!
バーン
般若
日本
感動の出来映え
ジーン
もうこれは本人(般若:ラッパー)にあげたいぐらいすばらしい出来!!!
イタリアの友人に送りつける予定♡

2005

Fashion topics

- エロかわファッション
- ちょいワルLEONの台頭
- お姉系ファッション　巻き髪
- 楽園的なハッピーカラフル　女性的なフォルム
- ラフォーレ原宿の大人化
- ギャルショップ渋谷→原宿へ勢力拡大

さすがにコート類は高いものを！　ということによ
うやく気づいたこの年。Y'sとMONCLERの上着
を新調。ノーメイクにTシャツでも、良いコートを羽
織ったら素敵に見える、そのマジックにびっくり。
リッチな生地って、顔映りが素晴らしい。

「あぁもう化繊とかはムリなんだなー」と、感慨深く
思ったものであります。ようやくTPOなどを考え
はじめた（↑遅い）。

クラブ通いのスニーカーを脱ぎ、女の子らしいリボン
のついた靴などに戻りつつあったこの年。やっぱり、
バレエシューズやワンストラップなどの、ロマンティッ
クなシルエットは永遠に大好き！

大そうじはおろかフツーの生活すらままならぬ仕事状況。只今朝の8じでございます!!
なんでだ…
ますますただの月末じゃねいかぷぃなドトーの年末。
PJの雲ガウン。カーディガンとして着てる。
← 30才…ぷ。
あけまちておめでちゅう!!
元旦 2005
コケー!!
CHERRY COKE 5
OUTA UNI
店員さんと友だちと試着室に40分こもって別の形のと試着しつづけて決めたY'sのコート。
これもすごくきっちりしてるので、どうやってくずそうか考えすぎて未だ着られず。
ちょっとえんび服みたいなの
今年はちょっとゴーカに行くよ2005!!
なんかとっても昔に買ったロングパール風。重宝。
このパールのリメイク含め、友人Aが今横でいっぱいアクセサリーつくってくれてるわーい。
ようやく美容院に行けたのでうれしい。しかし今、ノーメイク時はヴィジュアル系の男みたい。
自由ヶ丘のセールで6800円だったカシミヤ混カーディガン。
この色と形と乳白色の小さいボタン大スキでついつい買ってしまう。
多分これも重宝系のアイテムだが、きちんとしすぎるのが苦手なためあまり着まわしできないタイプのお洋服。私にとっては。
こういうちょっとよい感じにデニム!などがスキ。
今年、やたら寒いし体調わるいな〜と思いつづけてたら、どうやらヒフ科でもらってた薬のせいで血圧が急降下していたせいだと判明!!!
元々低血圧なのになんも考えず飲んでたの。
みんなも気をつけてね!!
ヨワ…!!
そんなどーしようもない年末ですが
キャー!!! 見て見てこのくつ!!
ひとめぼれ
もーカワイイ
いつものことだが
miu miuのラメラメバレエシューズ!!!
発見した週の金曜日、閉店5分前にとびこんで買った。土日はさんだらなくなっちゃう!!と思って。
↑完全に「自分へのごほうび」系。サイアク!!
23 祝日
もうすぐ31才女子のクリスマスのすごしかた
参考にしてネ!!
サスペンス録画したもの。しかも再放送
ウフフフ
ボサ
朝吹里矢子モ!
サッポロポテト
さむいからデロンギに足のせてる(やけどしない)
夕方に起きて魚圭のおかゆ炊いてたら友人M(31)が大量のエルメとジャン・ポール・エヴァンのケーキを持ってあそびに来てくれたので、
24
ウフフ
アハハ
2人とも甘いものが大量摂取できない。
それを15時間かけて全てたいらげた。
25
夕方に起きたら今度は友人A(27才女)が、和菓子を持ってあそびに来てくれた。
なんと朝9じまで仕事!!!!
ねてる
おわらない
はーーー
ついに腰に来た。
26
どっとな。

2月17日で31才!!
そんな俺サマもフン
パリス・ヒルトンと同じたん生日!! ↑セレ部
ビデオにとりまくったこのような番組と
2時間サスペンスドラマの全日程を観続ける毎日。
「魅惑の宝石」系番組
うおおお
美!!
もらう予定も買う予定もまるでなし!!!
Cherry Coke 6
outa uni
肩にひっかかるほどでっかいフープピアスはプラスチックのラインストーン?つきで1000円
渋谷馬只前「通称スパッツの店」のセールで購入のウールめいたぼうし
good girl
シルバーのドクロつきマフラーもセールで「スパッツの店」にて。いくらだっけ?
2500円。千鳥格子のも買った。
←二子玉川のフシギな店で1000円くらい。ドロップ型のガラスって大スキ
原宿サンタモニカで買ったヘロヘロのリブタンク。
←自由が丘で1万ちょっとだったシャワシャワしたジャケット??カワイイ。フシギな形。
その昔リアルグランジ時代に買ったネルシャツ(ずっと着てる)
それにユニクロで1000円くらいのデニムミニ。
生アシはね、給だからだ
クラブ行きたい!!!
いただきもののファーバッグは使いやすくてみんなに人気。トモコさんありがとう
レーススカートは1万ちょいで昔買った。ブーツは7000円位でガボガボ大きめ。
BAD Girl
自由が丘のHAPPY GO LUCKYで13,000円くらいのブーツ。ムートンの方が合うんだろうけどはきすぎてあきた。
余談ですが、仕事でいただいた「犬の図鑑」本を熟読中!!
すごいよ完全におねえさんだよ!!
今頃「負け犬の遠吠え」を読んだ妹に
まあね!
サスペンスドラマ!
さいぼう好き!!
独身女友達山もり!!!
友人の家々の犬がすごい。
プーリー、ワイマラナー、ブレンタブル など
と、大絶賛され中!!
←私を「おねえさん」と呼ぶよそよそしい妹。
ジッパーちゃんたちは20代前半なのかちら?
←年齢時間の速度はやいぞ~
30代になると、あの頃想像もつかなかったゼータクができるように!!
最近のぜいたく
電気代を気にせずだんぼうつけほうだい
↑かなり決死の覚悟。
いつも3000円台なので…
半袖~
お野菜は実家の近所で
保湿!!! 時間もローション系もすこし多めに使う。
身体に ジョンソン&ジョンソンベビーローション
カオにはヒアルロン酸100%。
ゴマ油に お塩とか。
油あげとかお豆腐とかちょっと高級品買う。
これが30代だ!!!
はやく来い みんな!!!
完全に思考ベースが母親世代と一致中!!!(でも独身)
もち予定すらなし!!

いよいよ大スキな沈丁花の季節♥
つめたい空気の中にお花の匂いがまじってる〜
フゴ〜
わーい! もうすっかり春!!
ぬいだ
うご
うご
啓蟄?
清々しいわ〜♥
読者さんに教えていただいた沈丁花の香水。
「武蔵野ワークス」いろんな香りがステキ♥
Jinchoge FLORAL
ヒフ科のカベに「クキのシナにさわりすぎるとかぶれる」と貼り紙が。フーン。
春のヘアメイクは重いストレートやダークカラーを脱出して、くしゃっとフワッとお花みたいな色やシルエットにしたいよねー。
空色にフューシャピンクのリップなんてのが気分です。
春色は心もウキウキ。
春と秋のはじめって、お買いものに行きたくなる!!
それゆえのセールなのか? 行ったことないけど。
フェイクパールは軽いのでジャラジャラつける。
友人にカスタムしてもらった3連パールに109で買ったロングを2重巻き〜。
OKIDOKIで買った、バラプリントモヘアカーディガン。ボタンがパールになってる。ちょっと大きめなのがタマにキズだが、ボタンをはずして胸元を開いて、フランス女性のような着方が良いな。
今年もおたん生日にお花いっぱい
たん生日に友人けんちゃんにもらったアンティークビーズバッグ。
お財布(でかい)も入らないけど、こういうバッグは女子のよろこび♥
zipperちゃんからいただいたキティちゃんゆきだるま♥
発泡スチロールのキティ型に雪だるまがつまってるんだよー!
目とハナはプラスチックで、ヒゲは毛糸。型も含め何度も使える!! いっぱい作りたい〜。
同じくいただきもの。
お友だちの作家さんに作ってもらったというアンティークビーズつきリストバンド!
こういうレディライクなアイテムをドレスダウンさせるには、やはり古着デニムとスニーカーがいちばん!
脚が長けりゃなお良いのに。
カワイイ!! 毎日つけてます。アンティークグッズのブレスレットと共に。
Cherry Coke
7
OUTA UNI

Yちゃんはじめ 一10キロなどの 偉業を成した 周辺女性たち!! あんた すごいよ マジで!!
限界。
キーン
キーン
へんな
超音波がきこえる!!
Zipper Yちゃんにきいて「やせるハリ」にイテったら
7日間断食させられた!!
水だけ
Cherry Coke
OUTA UNI
ニックリ
「断食道場に潜入!」とかいう企画、ぜったいにやりません!!!
ムリ!!
まさに地獄を見ました!!!
ほんと一に誰にもおすすめしない〜。
「忙しい」よりカンタンに心が死んだ…。
ダイエットするぜ!!
とか
やせてやるぜ!!!
などの気合いがまったくないのにはじめたので
癒し…
精神的にやられた
うううっ
大丈夫ですか!?
ありがとう
ごはん大スキおおたうに(ろい)。心配のあまり担当ミキティがしょっちゅう✉をくれる始末。
このあいだ、1ケ月おくれのバースデイをやっていただいたときに、仲良しあっこちゃんにいただいた大輪のチューリップいっぱいが…
↑もらったときはこんなふう
いきなり倒れて机の上が水びたし!!
ゴトッ
ギャッ!!
なぜ
だー
お花がひらいて頭が重たくなったみたい。
ちょっとかわいいな
垂れこうべ
水びたしだけど…
↑しゅみの手づくりぞうきん。
サスペンスみながらな!!
せっせと
今日は家中のカーディガンのボタンをつけ直したり補強したり。
お花モチーフのものがスキ
いつもゆく店で2000円ちょっとくらい?でかい。
友人アツコがアンティークビーズでつくってくれたゆびわ。ベルトは華。
こないだのたん生日で友人たちがくれた石のリング。
好きな「めしべおしべもの」こっちは上の穴用↓。みぞのくちで買ったの。
この間お会いした担当さんにいただいたもの
あ 描くの忘れた毛糸の花ブレスレット〜。また今度。
ほぼすべて自由ケ丘で購入。この季節だけの限定コーディネイト。
春はやっぱり桜モチーフ
メイクもやっぱり桜色。ピンクにすこしの茶色。→
アクセサリーは自由ケ丘駅ちかくのエスニックショップにて。両方石に見えるけどプラスチックで1200円とか。
胸も背中もガバッと開いてる綿麻ニットは4000円くらい。
こういうシルエット大スキ♡♡
↑このスカートもエスニック店で4700円の桜模様。1年に1回着るアイテム。

あたらしいCDを買ったので久々にうれしい。MDつくったりi-podに入れたり
SAKURAさんのジャケ描いたよー
スキな音楽があるときってたのしいなー。
えり立て
でもジッパーズも全員出社ときいてなんだか安心…。おつかれさまです。
次は「お盆進行」なんだよ…。
今ポロシャツ好き。
なんと只今GWまっただ中!!
毎日カジュアルにお仕事しております!!!
うちのネコがかわいくなくて困っています。
チェリイ コオク オオタ ウニ
性格が。
おうちから蔵出しコーディネイト
5年くらい前に大量に買ったり作ったりしたお花のかざりをまた出して来たよ。
りぼんつきパールのは実はイヤリング。昔ママにもらった。
このシャツ!!
はるか昔に下北かなー?古着屋で3000円弱で買ったはいいが、色と形といい着方がまったくわからず!!!
J.LoのPVの髪形がめちゃくちゃかわいかったのでまねっこ
「Hold You Down」のPV。
やっぱりこの人はラッパーとからんだ曲がいいよ。
今回の旅の想い出ソングはこれとAKONの「Lonely」♪。
秘湯の露天風呂。外気がつめたいので2時間つかっていられれた。
オフシーズンで人もいないし。
フゴー
ホテルなのに温泉つきのところに泊まったのだけど、久々に温泉ていいな!!と思った。また行きたーい。
4月のはじめごろ5日間北海道に行ってきたよー。
仕事ですか?と当然きかれましたが、まったくのお休みです。
きちんと店内が整理されてしまっている…
あー
あの雑多さに萌えたのに…
超ざんねん
みわくの1000円箱とか
去年行ったとき古着を山盛り買って、この店サイコーと泣いたお店が移転していて
また今年も行った小樽で古着屋さんを見つけた。正統派っぽくてステキ。そこでトレーナーを買いました。
ミッキーで刺しゅう6000円くらい。東京だったらもっと高そう。
本当にディズニー
クラブ行きたい。
しかしこの店外と同じ温度!!!店員さんは平気なのか!!
上の魔女グリンダとのシーンが写真プリントなの。
去年は上の古着屋さんで「オズの魔法使」Tシャツ買ったけど、これまたレア。
ラフの段階では こう だったのだけど、1日おきにステキな女の子たちとごはんなので今はたのしい
毎日おいしいもの食べてあそんでもらってドライブして海行って楽しかったからひと足お先にGW気分
だから今つまーんない!!
また行きたいよう。
この間いきなり、あ、ギャルソンの袴と合わせればよいのだわ、と思いついて着られるように!!大人になった～。
これは1万円弱でした。
ママと妹とフレンチ食べに行くときのかっこ。
しかも
でもやっぱりこれはくやしい…。見つかってくれ～。
きのうお気に入りのうでわなくした～!!!
←結局ここ。あ～ん超くやしい!!!札幌でも泥酔してうでわの石なくしてるの!!キー!!

なぜか気づくとここにおちつく
ドーン
外国の女の子のおかっぱがスキなのに
またこれが似合うの。アハハ
ザ☆日本娘。
私は幼少のころよりママにしょっちゅうおかっぱにされていてイヤだったはずなのに
パッツリ前髪がはずかしかった
ハタチくらいから「レオン」のマチルダや「パルプ・フィクション」のミアになりたい女子がこぞって進んだ「おかっぱ道」
19才のとき1mくらいカット
ロン毛もマッシュ
くせっ毛
ちょん
そのあとボウズとモヒカンとドレッドヘアとは色々とやったけど
おおたうに31才にして10年ぶりの大幅断髪!!!
その長さ65cm位!（自分定規計り）
Cherry Coke vol.10 OUTA UNI
長さのあるピアスをよくするようになった。
「顔小さくなったね」と言われるが今までどれだけでかかったのか…
Tシャツやタンクトップが（別方向に）似合うようになったのも、髪の全体的分量がへったので、カラーをいっぱいたのしめるようになるのもうれしいのだけど、ひとつがっかりなのは こっぱら服 が似合わなくなったことだ!! ヒッピーとか、B系の服も。
これは去年の夏agnès bで3万も出して買った。その名も「天使」シリーズの服。まだ一度も着てない…
昔からの友人たちは なつかしいなー の大合唱。すっかりガラスの10代のようなヴィジュアルに。2人の姿態（友人）に銀ブチメガネや歯科矯正を求められる日々。なに萌えだ
←これはオキドキで買った超カワイイチャイナカラーシャツ6500円くらい。
こないだスパイラルで3500円くらいで買ったでかいカゴ↓
←マライカで3本買いしたボタンパンツ。重宝。
昔ランタで買ったチャイナシューズ。
なぜ切るなんて言ったのか…枝毛もないのに
ティモテ
切るまでの1週間は
完全なるヘアーカットブルース
青江三奈
でも当日切ってみたら
すっごいフツー
おやっ
10年くっついていたとは思えぬ
3分の1になったのに。ぬれるとキロ単位でちがうんだって！
美容師さんはムキー!!ってなってたけど(笑)。今まですごい手かけてもらってたから。イワイさんゴメンネ♥
しかし朝洗うとストパーのせいで
毛先がそっくりかえるんじゃ!!
ついにくるくるドライヤーを使うときが来たのか!!
中学生アイテム
アニメの「ブラックジャック」のピノコに成るため、身も心もピノコにして下さい!!とオーダーした31才の女。

うまい!! もう いっぱい!!
プハーッ!
つゆだくで!!
カパ
バン! ドン ドン ドン
Cherry Coke vol.11
OUTA UNI
クラブとテキーラって すばらしい!!
癒しスポット!!
6月―― 都内某所で 生きていることを 実感
久しぶりに「クラブにいってでも 行ける」が 基本コンセプト。 つまり、踊りやすい靴で そでがない。
吉祥寺で 買った でかい ピアス。 すごく安かった。 900円 しない くらい?
自由が丘の エスニックショップにて 購入の 黒のウッド ネックレス 2000円くらい と
冬にセールだった サマードレス 2200円
らくらく。 りぼんで むすびます。
マライカで 1000円 くらい だった ブレスレット。 足首に はめても よい そうだ。
脚が冷える (夏場って ほんとに 冷えるよね!!) ので パンツばき。
昔はそんなの 考えもしなかったけど、 近ごろは すーぐ むくむなあと思う。
いよいよアンクレットの 季節!! 大スキ でもクラブには して ゆきたくない。 ふみつけられるから!!
去年 1900円ぐらいで 買った サンダル
夏なので 久々に あそびまわろうと 思っていますが
アツイ…
いちばん最初に 書きこむ予定が クラブイベント 家族!
チッ
ライヴも 予定なし なし
そのうちの 何割 こなせんの かな
すでに 「癒し」ではない
そういえば
裸足の季節 なので サンダルを いっぱい 買いました
ワーイ
雨ばっかで 出番なし
渋谷の道ばたの 女の子ショップにて 6000円のサンダル。 右の子のと色ちがい。
ラメラメ
マライカで 買った ヌーディカラーの スリップオン まだ部屋ばき。 2900円?? だっけ?
すべすべ
こちらも マライカで 同じ値段の 刺しゅうサボ。
むれるかも!!
フワフワに せねば
やすり
夏は 酷使するから 足がかたくなるわ よねー。
またヘアカット しに行って おかっぱに なったです。
ANAPで 2000円もした ピアス。 最近 ピアス なくしすぎ。 クラブで
ターコイズ色 ネックレスは いちばん上が 昔～の ハワイ土産の 石。 なので すごく 重い。 下の 3連は 109-②で 2900円?? 高い!!
フェリシモ通販「haco.」で 買った 女のコ つなぎ。 6500円とか?? とてもカワイイ。
このサンダルは 左のといっしょ。 すごく 歩きやすいよ!!
なんか みずひき みたいで 涼しい。
でも 踊りに ゆくときは スニーカー ばっかり です。

Cherry Coke 12
OUTA UMI
なにもないようで、実は日々色んなことが劇的なのだなぁと思う毎日。
友人夫婦が沖縄に移住することが決まったり。
そこから色々考えて4年ぶりぐらいにフッカツしたり
わ――!! zipper連載一周年～!!
皆サマありがとう!!!
右手のガングリヨンがここ数日痛いのがタマにキズ。
職業病
ただ!!! マンションの床に業務用アルコール(エタノール)をこぼして変色させたことと!!
目がちゃんとひらいていてすごく気分がいいです。
ちょっとのびた
へやは汚いが
もっとみじかいおかっぱにしたい―
そんな私はいつもと変わらずしめきり天国ですが
てゆうか渋谷め!!
渋谷のタイルめ!!
駅前や周辺の道がみんなこういうタイルなんだけどね。
あ
サンダルのヒールとミゾが同じ大きさなのでこうやって刺さってね。
ズボッ
ワギが出てくる!!
すべてのサンダルのここを!!! うばわれた!!
探しに行ったらけっこうな数が埋まっていた。みんなやられているのだな
ナム～
成仏いたせー
ガングリオン↓リンパの流れるところに骨みたいのがでっぱる症状。水抜けばひっこむけど私はずっと右手使うからまた出るよとお医者だそうです。
・本当は「ガ」
なんとなーく、「これからはスクールガールだ!」熱が。Tシャツ(ビジョーサイズ)にプリーツにソックスとか。
秋になったらもっとガッツリロンドン!!とか、久々に昭和!!なスタイルをしたいですな。
School girl
大きめのベレーとかかぶりたい。
「Bitch」ピンはFree's shop??で3800円もした高級品!!
ラインストーンのパチスヌーピーネックレス(1200円)
大体1000円台アクセサリー。109-②で。
久々にこういうの買ってたのしい。
見て!! このTシャツ!!
なぜかポケットついてるよ!! 「POKETTY」(ポケッティ)と、名づけました。
黒プリーツは大スキでついつい買ってしまうアイテム。
90年代初頭を思い出すなつかしコーディネイト。
ソックスはちゃんと厚いやつがスキ。うすいのキラ～い!!
このTシャツ!! 虎ノ門のおばたまショップにて1000円!!
イラスト～な猫プリント(ちゃんとフロッキー)に、ビジョ～な色と丈。サイコー★★★
トコトコ歩けるラメサンダルほしいなー。
友だちがかなり明るめの栗毛にしててカワイイ。
色入れたいなー 私も。何色がいいかなー。
おかっぱサイドに小さいオモチャピンをさすのがスキ。
Pretty Kitty
超～!!昔!!に買ってはきたおしてボロボロのLeeをカットしたもの。
うしろから見ると尻面積がデカイ。
今毎日こんなかっこ。汗だくなので着替えもって歩く。部活っぽい。

明確な予言
大量の紙資料を抱いて機上の人となるであろう…
前だおしの連載〆切りに加えて書籍が4本!!
あさってから友だちのいるイタリア★シチリア島にゆくんだけどこれを見て!!
…
しごと
チェリーコーク is カオクラミ
今年の秋服。
世の中はヴィクトリアーンなブラウスいっぱい!!
Victrian blouse
ママに昔もらったレースブラウスをひっぱり出してこようっと。しかしブラウスとかシャツの着ち方ってイマイチ不明。
Long pearl necklace
いつも大活躍のネックレス。ずっと昔109-②あたりにて。
昔、中目黒で買ったスリップ。6000円くらいしたような…。でもすごくお気に入り。こういう四角っぽいシンプルなレースがスキ。
内まきのおかっぱにしたい秋…。なぜかまっすぐな毛先なの!! リペアのせいだが。
Leopard one-piece
ヒョウ柄のストンとした形のワンピースは、下井草のおばあちゃんのお古!! ハイカラすぎるぜ!! ものすごく使える!!
以前、サイン会で読者さまにいただいたバロックパール?というのか?のピアスを友人にカスタムしてもらったもの。ベビーユーズ!
Pearl earrings
くさりつけた。
Velvet Long Skirt
Pearl ring
これもママのやつ。ニセモノだけど
beads bag
友人にもらったビーズバッグ。キレイ。
代官山ピナフォラーダで3000円だったベロアマキシ。茶も有。
Pearl necklace
淡水パールの10連ネックレス。胸のあたりまでの長さ。これもママのお古。
beads bag
ほんとによく使う。着物にもカワイイ。
10年くらい前にパラビオンで買ってもらったビーズバッグ
1200円
あいかわらず高価なものを持っていない。だれかくれ。
rings
700円
これくらいの本物を。
淡水パール好き♡
glitter Ballet-Shoes
Ballet Shoes ②
こっちは白に近いシルバー
ほんとにフラットなのでペタペタする。カワイイ。
こっちはココア色。すんごいかわいいの!! 13,800円でした。
こないだSHIPSにて即買い2コゲット!! (ブーン)した、ラメラメバレエシューズ!! 足が成長していたらしく、25cmでもみっちり。裸足でくつずれ。イテテタ
ところで。
昨日OKIDOKIでライオンズマンションのこのゆかいなペンダントを見て!!!
1コ3900円!!
6.5cm
それは「ピューター」という素材ですよ
と、店員さんに親切にたしなめられた。
とんとしきりさわいていたら
ガハハ
カワイイ
買う
しかもPEWTERって書いてある!! ペウターだって!!
なにそれ人の名前!?
何これ超カワイイ!!
カリオストロの城!!!
リコーダー
エヘ
ウフ
おや…?
Pewter[pjú:tər]… しろめ「錫と鉛の合金」だって。しろめって…?
コレ?

ワタクシはこれを「アムロちゃんバランス」と呼んでいる。
女の子が きっと一番最強!! なはずのバランスだ。
チェリーコーク VOL.14 オオタケニ
色ちがいもアリ
おととし?ぐらいに買って未使用 GAPの子供用。でもあつい
スキというより必需品!!!
くせが出てきたため、一年毎のオナジ一髪型
すっかり巻きものの季節ですねえ。今年はニットキャップがスキ♥
大きくなって…
仕事してるから1年でペラペラ
友人が大きく成長していた。いろんな代人で
便利。
妹の予定&金にあわせたため
成田→香港→ローマ→パレルモ
かるくみつもって17時間機内
ものすげえ遠い。
印象はねー
9月のはじめにイタリアのパレルモに行ってきたよ!! 友だちが住んでるの。
ローマ
ココ
シチリア
全然旅行と関係ないお洋服たち。
帽子はドでロンもの方がカワイイ気もするな――。
パレルモで買ったのは夏用なので夏になったら描こう。
このクロスたちに合ってるチェーンほしいけど高いよね!!
パレルモもキッズのあこがれファッションは「TOKYO」なんだって!!
←これは竹下通りのANAPで2000円くらいだったスエットスカート。
やはりバストまで上げて着るとカワイイ。
OKI DOKIで買った男の子スパッツとともに…。
同じとこでこれ持ってサンダルも買ったけど夏用。
あーー今すぐ結婚したい。
Sex and the City みすぎなの。
あーークラブ行きたい!!
服屋に入らなかったけど、こものは買ったよ。
値切ってもらったラインストーンのクロスの数々。
かなりでっかいもの4つ買った!!
あとはハンチングとかガラスざいくとかねー
帰りのローマで妹のつきそいでフラリとグッチへ。
空港内
GUCCI
ユーロは高い～。
そこで
啓示!! ピカ!
これからはギャル男がくる!!
と、この新宿っぽい財布を購入。
なぜか札をタテに入れる…。
けっこうめんどーみたいなー
パールじゃらじゃら山ほどつけて、これにGジャンでカジュアルダウン! なんてスタイルが好き♥
脚の長さ体型的にムリですけど。プーン!
おまけにパールはイミテーションですけど。
軽くてむしろ便利だよ。
2 way
片側りを編みこんだりピンでとめたりすると表情が変わっておもしろいよ。
これもイミテーションパールをぐるぐる巻いて。
シャネルやジャクリーン・ケネディもイミテーションパールを愛用していたのですって♥
おうちファッションショーぐらいにしか登場しないクラッチバッグとピンヒール。
まあそれも楽しい。
渋谷のお店で買った「ほんとはスカート」。
ウエストがゴムなので、ワンピース風に着られます。
1枚の大きな布をあちこちつまんでお花フリルにしてあるのだ。
けっこうな布量ゆえ重みアリ。
1万ちょっとくらいでした。
下にしまうとハラまわりがもこもこするので
いっそのこと上に出してベルトマーク的に。
フリル部分が重いのでやや落ち感アリ。
長いネックレスぐるぐる巻き
単に欲しいぞバレンシアガ!! お値段約20万円 キャー!!
時代や場所を選ばないベストブーツもほしい。
Ather Styling
夏にはこういうかっこがスキ♥
秋めいてきたらルーズシルエットのビッグカーディガンを羽織って女らしく。
くしゅくしゅの羽モチーフがすごいスキ!!
やや ローライズめにひっかけてはくのがカワイイ。
これは109-②のギャル男店のセールで1500円くらい。
Ather Styling
小学生か中学生かどっちかのとき、サイッコー✧と思った着方がこんなかんじだった。
そのころからグレーのTシャツ地がスキ。
足元はぺたんこ
Another Cherry Coke

おおたうにの新たなる挑戦……
そしてラインストーン刺しゅうと
刺し子に次いで2005年秋
2004年 プライス服づくり…
1992年～ テディ・ベア…刺しゅう
服づくりもろもろ
あのころ、中途半端におわっていたので、常々やってみたいと思っていた。
横浜は中学校の美術の時間になぜかハンコを彫る
モーレツな〆切り地獄の中、なぜかそれははじまった……
コリコリコリ
それは
篆刻!!
※はんこ彫り
Cherry Coke vol.15 おおたうに
またもや目と右手酷使!!!
カッ
親友けんすけのうちで掘り出し（勝手に）もらった、多分ヴァンクリーフアンドアーペル的ネックレス。ダイヤ入り
すーごーいーカーワーイーイ アリガト!!
昔、雑貨屋でいっぱい買ったパープルラメニットキャップ
彫りものついでにヤンキイブーム
髪色を変えたいが染める手間を考えると腰が重い。オシャレの心意気皆無。
かなり前に買ったりしたつなぎのソデとスソを七分にカット。
これは友人にもらったもの!「U.S. ARMY」とプリントされてたものにラインストーンをぬいつけてBABYと変えました。
近頃ラグランが好き。こういう色みのやつがいっぱい欲しいなー。
今もっとも欲しいものはリブのくつ下3足1000円。いつもはいてるやつらがのびてきた。笑
オーバーオールが好きで、各色持っているがまたしても買ってしまった
黒!! 13,800円とか?
黒×GOLDがスキー♥♥♥
店員さんが（素材が）ダックなので
とゆったが、
8888なのか?
ひっこしセンターか?
なんだその素材わは
↑すごいわかりにくい（笑）。
説明なし。
必要なもの
石 やわらかめ
彫る刀
やすり
カーボン紙
トレーシングペーパー
これだけ♥
絵を決めてトレペに描いて裏にしてカーボンで石にうつすのだ★
家紋とかもカワイイ。
平刀一本でなんでも彫れるけど
最初は力加減がわからないので
ちょっとむずかしい
こまかいと折っちゃったりするの
へりを。
でも2本目からはかなりステキ!!
カンタンなものだと30～40分で完成。
みんなもやってみてね!!
これから全面に彫りをほどこしたい! ミュシャの絵みたいのでカメオ風とか!

チェリーコーク16
オオタワニ
もうすぐ犬年?
50歳になってもお互い独身だったら結婚するはずだった親友けんけんがあっさり私を裏切った!! おめでとよー!!
なにを着ればいいんじゃ!
おまけに毎日取材(する方)
12月は友人の結婚式やおたん生日で大いそがし!
なんかたのしい
久々にカラーリングしました!
イメージはイチョウ並木。赤みギの色み。
みんながだれかと人生などを決めているとき私は…
今も続くが
本を何冊もつくっていた!!
出るぜ! 出てるぜ!! 買ってくれ!!
そして!! にっくきタイガーにまどわされる日々
また画面暗転!!
ブツリ
↑あたらしいマック
ほんとにくさいクソ虎!! めんどくさいこの
想像あっさり超越
けっこんか……
朝…
↑へんな木枯らし服
小学生の頃から大スキ♡なこの配色! 緑×紺。
毎年古着のプリーツスカートを買おうと悩んだりするのだがいつも買わずじまい。
CHECK
今年は無印のカフェエプロン1500円くらいを買ってみた。
ほんとにカフェの女の子みたいに使ったらカワイイかも。
ポケットにいろいろ入れて出かけるの
楽しんでます!! なんか必死で!!
自由ケ丘に久々に行って、いつもと同じ古着屋さんで買ったセーター1000円!!
このセーターとレースのスカートにニットのタイツもスキなスタイル。
コーセーが見つけてくれた。
なんと、ハンドメイドニットでとってもやわらかくて軽い。なぜこの値段かというと、
袖にものすごいコゲが!!
雪印のフェルトでかくしてみました。
これはコーセーのイギリス土産の雪印ピアス♡
CHECK
いつだかわからないけどかなり昔ビームスで買ったパンツ。
このチェック大スキ!! ロールアップ流行のときに買ったので丈が長かったのをカットしてぬいました。
昔々のバックスキンのショートブーツ しかもタイで買った。
あとさっぽろよ うにちゃん!!
とりあえず沖縄とタイよ!
キャー
来月は、というか来年早々いろんなとこいこうと計画したりとか
修二と彰ののふりつけおぼえるとか
身ごろにバーンと写実的なカオプリント! そして R.I.Pの文字!! って死んだの!!
そうこうしつつも友人のB.Dイベントにあわせて Tシャツをつくってみようとか
キャ
R.I.P → Rest In Peace

# of Cherry Coke

Vol.8

じゃらじゃらブレス

上から、ローズクォーツ、エスニックのガラス、ball roomでむかーし購入のお花! じゃらじゃら主張するくらいのブレスレットが好みです☆

おおぶリング

左のは「ポンデライオン」という名前。中と右は友だちからのいただきもの。着物のときにつけてもかわいい。

(フェイク) ストーン

エスニックショップで買う石モノや、フェイクは大変便利。沢山つけてもうるさくならない。僻地好きの両親(とくにパパ)からのお土産も多い。

石コレ☆

誕生石のアメシストを始め、クォーツ系はお値段もかわいいのでよく買っちゃう。右の琥珀は北欧土産。琥珀も大好きー!

Special Selection

オズの魔法使い！

北の魔女グリンダがドロシーに話しかける大好きなシーンがTシャツに！ なんだか私的にありえないお値段だったが、買わずにはおれぬ。とかいって6800円くらいなのですけど。

ピアノレッスン

と、呼んでいる難しいかたちのへんなブラウス。しかも紺！ 下北で3000円くらいだったような……。

Vol. 9

トリコの巻きスカート

DC古着屋さんで1万円くらいだったスカート。大量の生地でぶわーんと膨らむかわいいシルエット。おひめさま!!!

# of Cherry Coke

Vol.10

ふしぎなリボンバッグ

スパイラルマーケットで昔購入。3000円台だったはず。ものっすごく便利で夏には必ず登場。

刺繍ブラウスその1

下北ヘイト&アシュベリーで10年以上前に購入。とにかくよく着るこのシリーズ。見つけると買ってしまうヴィジュアルであります。

天使の罠！

未だ着用せず！の、アニエスドレス。いやこれ透けるわ長いわでね……。でも持ってるだけでしあわせなのよ♡

刺繍ブラウスその3

これは男子っぽい感じ。エスニックショップのぶかっとした黒いパンツに、チャイナシューズを合わせたりが定番。象牙のアクセサリーをします。

刺繍ブラウスその2

OKIDOKIで買ったお気に入り。これらはいったいどこの国のものなんだろう？　この刺繍パターンを憶えているミシンが欲しい。

Special Selection

プチバッグは女子の夢☆

リップグロスと携帯くらいしか入らないちいさな鞄。可愛いのでよく買うけど、荷物が多いので全然使えない。カードをまず作らないとね。

ママのブラウス

うちのママはこれに、昔のチェリー登場の「マキシ丈・レーヨンパープルプリーツ・なぜかお経柄」スカートを合わせていた。グラムロックだぜ!

Vol.13

下井草の想い出

ママのママ、つまりおばあちゃんのお古。おばあちゃんがこれを着ていた記憶はないのだが、私はとにかくよく着る。幼い頃亡くなってしまったけど、センスいい!

もしも宝石を持つなら

ちいさなダイヤのシリーズと、あとは絶対にパール！ 3連とロングはかなり便利。左の3連は友人アツコに作ってもらったフェイク。

ほんものはどーれ?

あるわけなーいよ！ 他は全部1000円くらいだけど、右の大きいのは、むかーしオン・サンデーズで買ってもらったもの。

ラメラメバレエシューズ

全部の靴を、どうか3ミリ刻みにして欲しい！ たぶん私のベストサイズって、24.8センチなんだと思う。でもこの2足25センチなんだけどね。硬くて痛いの。

ぺうたー。

友だちが買ったのはヤギ！ つまりゴートなわけですよ!! 私のはライオンズ的ですが、「カリオストロの城」だとしか思えない！ たまらん♥

淡水パール

ピアスは、読者さまからのいただきものをカスタム。リングは、ママのお友だちにいただいた中のひとつ。ガーリーです♡

2006

Fashion topics

・CanCamモデル蛯原友里と押切もえが大人気
・黒髪復権　茶髪に変化の兆し
・スキニージーンズ　レギンス大流行
・プラダを着た悪魔　マリーアントワネットなどの映画ファッションに注目
・ボリュームシルエット
・表参道ヒルズオープン　原宿が若者の街から大人の街に
・TOPSHOPラフォーレ原宿オープン

なにかのタイミングで原宿買い物ツアーにお出かけしたら、やっぱり古着って素晴らしくすてき！　ということを再確認。ちいさな古着屋さんなどを発見し、久しぶりに友だちときゃっきゃ言いながら試着して、こんな時間が今の私をつくったのに、つくられた私はそこに行く時間も失っていたのだ！　と愕然としたり。

でもビーズ刺繍に凝っていたりで、なんとなーく生活リズムを取り戻しつつある時期。

国内旅行も多かったので、旅先でいろんなお洋服に出逢いました。とくに、沖縄と神戸は最高！　ぜひともまた上陸したいものです。

高額ニットに投資する２００６年、冬。ラルフローレンとエルメスの、超キュートなニットにひと目惚れ♥頑張って買いました。たいせつに着ています。

Cherry Coke 17 outa uni
取材用にモンクレーのダウンを購入。仲良しのねえさんが黒を着ていて、ステキだなーって思っていたので。
ほんとに軽くてあったか♥ 来年度には黒も買おうかなー。
子供の頃、ママが作った(といってもつないだだけ)カラスの濡れ羽色のビーズネックレス。こちらもメタリック。
年末から、胸のガッとあいたニットにフリルのミニスカートなどを合わせるのに凝っています。通称「アムロちゃん」つまり今、アムラー!!
← 109-②などで売ってるカラフルフープピアス。
メタリックなシリーズが好き♥ 使えるよー。
昔お友だちの編集ちゃんにたくさんいただいた厚手のサテンの布で、超テキトウ!!なリボンスカートを作ってみました。
2006年…年明けのとき私がしていたのは、お裁縫。
もくもく
ゴーン ゴーン
ピーチ・ジョンから「いっぱい買った人用」のプレゼントが今回も届く。
だれからも連絡こないし。
今回はまっ白のラウンド型ストールでした。
実はまっ白はプレーンすぎちゃうとむずかしいアイテム
そこでおとくいの桜つけをすることにしたよ!
かなり前、ユニクロのニットとラップスカートにつけて味をしめた
まん中をビーズでとめるだけで、フェルトのさくらをヒラヒラさせるの
←ここカット
とてもカンタン!
クリスマスには大量のティー・コゼーをつくった。
ティー・コゼーになじみがない人もいっぱいなので、「ポットの帽子」と呼んでいます。
←ここエルメスのリボン(笑)
マリー・クワントの「ラブ・トークン」。出たときから大好きで、だれにもヒミツでずーっと使っていたのに
なんと、私が死ぬほど愛していた香水が
勝手に廃番になってたの!!
なぜこんな逃避ぎみなのか!!!
お願いだからフッカツして下さい!!!
ゴ
マリーさま!!!
いっぱい買うからほんとに!!
もう使い切る寸前で1mmもないの
といういきさつで買わなかった!!ため、ほんと～に超かなしい!! あの日に戻してくれ!!
あーよかった! じゃあ荷物にならない日にまた来まーす。
しかも10月ぐらいにお店の人に
これは定番でずっとありますから平気ですよ
打ちあわせ前←

CHERRY COKE 18
outauni
さくら
1月下旬の気候は4月下旬〜5月上旬。
ヨースケ
すごくフシギ。なつかしい気もち。
名護に友だち夫婦が移住したのでみんなであそびに行きました。
↑大学の友人たち。私がキューピッドなのだー♥
お旅ざんまい(予定)の2006年、いっぱつめの沖縄ツアーから帰ってきたよー!
ただいまー
美ら海水族館のあとは旭山動物園なのだ
もうすぐ春だねー。
仲良しの姐さんが、「フォールームス」という宿をやっているので
←ものっすごくステキな宿。今回は冬季休業中。いつか泊まりにゆくぞ!!
久々の再会
3年ぶり!!
キャー
蘭子さま
都内〜横浜でもしょっちゅう沖縄料理店にゆく私たち。
ぐらいスキ♥
毎日これで!!!!
テビチー
島らっきょ〜
ミミガー
毎日さくらのナイスチョイス店でたらふく食べまくり。
4日間の旅を終えて帰宅したら
2キロふえてた!!
こりは!!
1日500g増!!
人生でほぼ初めて!! セールに行ってみた。ドシャ降りの中、ローラ・アシュレイで山ほど買ったよー。
グリーンがキレイ。サイズが外国なので着やすい。私でかいから
↑これも。
こういうシャツほしかったからうれしい。
てろてろ
4000円くらい!? わすれた。
しかしセールってほんとに安いんだね。
びっくりだよ
沖縄では、食材ばかり山のように購入。全部実家にて消化。
ブセナテラスという超ステキホテルでなぜかファーのケープを買う。
1万円わりびき♥
ブセナのお洋服ショップ→かなりおもしろかった。働きたい…。帽子とかくつとかかわいいの。
こういうのサイズなくて残念ヨ。
2000円くらいのプードルバッグ。
↑これはけっこう前のパリ行きの成田で買った。
しかもユニコーンも買った。行きに。重ばるんじゃ!! でもカワイイの。♥
このあと、旭川→長野→神戸→京都→青山と行く予定。
あとタイと上海も
そのたび着々と太ってゆくのだろうか。
ジレンマ

Cherry Coke 19
outa uni
空気が いい匂い
フン♪
♫フン
たのしい。でもまだダウン→
沈丁花に
梅の花
冬生まれなので 冬は大スキ♡ ですが、春のあま〜い 匂いには いつも 心おどるねぇ✦
春だ〜〜!!!
自分で前髪切ったらコケシになったよ。ろてオ。
もう髪がない〜!! のでできない→ 「時効警察」の 麻生久美子ちゃんの 巻きロン毛が うらやましい日々。
これは超〜 子供の頃の パパのロシア土産の テーブルクロスよ。すごく使える。
おやつ本の 担当イマオちゃんに おたん生日に 作ってもらった アクセサリー♡ チェーンの長さも 含めてすごく上手!!
プチプ4 レースの ワンピースは やっぱり ものすごく昔 Dep'tで 買ったもの。
ウエストの ゴムをぬいて 着ています。ストンと。
今年の春は、白!白!白!!
友人の友人の作家さんに 白のウェスタンブーツを カスタムしてもらう!!予定!!! たのむぜけんすけ!!
ハラコやファーや キラキラ石つけたり。
30cm
↑やつがたけ
ママと 小淵沢に 行ってきたよー。
エステであてたリゾナーレ宿泊。
「ピーマン通り」で、いっぱいおかいもの
←革
北欧の アンティーク レースつき フェルト バッグ 4400円。
重宝✦
作家さんの フェルト花 1コ800円。 春色いっぱい買った♡
ベッドサイド用 ふたつきカゴ 1000円位。
なんかくさい
あと パン用 カゴもいっぱい
ガラス花束 1000円
お天気マグ サンダー 1000円
取材で 行った旭川で 買った 天使皿♡
ハートの こもの入れ 1000円くらい。
通販で ハイジの ユキちゃんを
本領発揮!!
今月全部 このカオ
たのしいぜ!!
あ〜パーマかけたい な〜。フワンフワンの 天使パーマ〜! でもパーマって すぐあきるよね。 なんでだろ?
イタリア行ったとき 成田で買った 限定 パレット。 どこ行った? 今探したけど 見つからん。 すんごいカワイイ のに、つきが悪い?
ローラ・アシュレイ セールで買った ピンクブラウス。 こういうかっこ やっぱりスキ♡
パパママ土産 スワロフスキーの リストバンドと 妹にもらった ピンクの ラインストーン ブレスレット。
いいかんじの デニムほしいな〜。 ちかごろしょっちゅう はいてるのは GAPのテキトーな やつ(笑)。
プラットフォームのくつも ほしいな〜。
すんごい昔のマサキ マツシマのくつ。 ←スナップのとこ なおさなきゃ〜。 すぐこわれる

24才くらいのとき（あっさり8年前!!）に買った、ピンにもなるコサージュたちが大活躍!!
そのときは頭につける方が多かった。
去年小樽の古着屋さんで6000円くらいで買った刺しゅうミッキースエット。ほんとにディズニーのもの。
昔からスキなワタガシヘアー。ブラックガール版。それにはおりぼんが不可欠。昔やってたけどこんなに大きくはなかった。
近ごろとってもお洋服がたのしい
毛先パーマあてました。ぐりんぐりんタテロールは「うまく出ないよ巻かないと」で却下。
しかも、昔買ったやつを発掘するの
大学生のとき、はじめて「自分のお金」で古着じゃないギャルソンを買った。
10000
やはりこれも学生時代ピオナコラーダで3000円位で買ったベロアのジャンパースカート？大好き!!
ミニーちゃんスタイル。
なんとコレ、お値段10000円ジャスト!! 夢のプライス！だったけど当然手持ちがなく、翌日行ったらオール売り切れ ガーンと泣いてたら、「ファンデーションを試着時につけてしまった人がいるから」と、クリーニングしたものを売ってくれた。運命♥♥って思ったあの日。
外巻きボブは大スキなスタイル。
今年はなんだかシャツが好き。フリルのスタンドカラーはユニクロ1000円。使えるぜ!!
コサージュたちは多分109などのギャルショップで購入したり作ったりしたもの。全て1000円台。
Cherry Coke 2.0
outa uni
それに、チベットのお坊さんたちが持つという天珠というものをネックレスに♥水晶よ。
まだ自由が丘にDep'tがあったころ、こういう50s風のレースのワンピースと重ねてコーディネイトされていたギンガムスカートにひとめぼれ♥♥
ほかにももっともっと描きたい服いっぱい!!
それがいちばんしあわせ♥
ブーツなおしに行かねば!! はきすぎてカカトが
「Jenny On the Block」のときのJ.Loのヘアスタイルにしたいの!!
そのとき
これがスタイリングだ!!!
と思った。啓示よ〜〜。セットで購入。

アンド 神戸!! サイコー!!!
お洋服屋さんもごはん屋さんも人々もみんなステキだった!!
たくさんの方が観に来てくださってうれしかった♡ いろいろなことを学びました。
通販のフェリシモさんの神戸学校にお呼ばれしたの。ひと月にひとりいろんなジャンルの人が来るのだ
神戸に行って来たよ——!! 帰りに京都も!
CHERRY Coke 21
OUTA UNI
しかし、帰宅してから新幹線酔い!? みたいなくらくらが止まらずコワイ…。
1週間経ってようやく治りぎみ。
それはまた次の機会に!!
ウフッ♡
今すぐまた行きたいよう。
ほんの数時間の自由なお散歩タイムでできる限りのお買いものをしたにはしたのですが…
買いのがしたカゴバッグがくやしい
しかも、講演をしに!!
キャー!
day 3
10年以上前に自由が丘のマルイで500円だったカチューシャはプラスチックのキラキラ☆つき。
二子玉川で買った色ガラスピアス。涙型が泣くほどスキ♡
京都にタケノコを食べに行って来たよ♡
この上に紺色のヴィヴィアンのカーディガンを着ていました。
この間OKIDOKIで、キセキの出会い!!!をした、桜の花びらつきワンピース。
ピラピラ立体的な花弁の中に、シルバーとベビーピンクのクリアビーズを自分でぬいつけてみました。たのしかった。
ほんとは講演会をこれにしようかと思ってたんだけど、「近くで見るとかわいい」服なので変更。ブレスレットも桜だったのだー。(描き忘れ!)
day 2
講演会当日!! 絶対くずれぬヘアスタイル
明治通りのギャル店で買った木製ゴールドピアス。
プラスチックのブレスレットも同じ店で。アクセサリーを山のようにつけました。
パーカはアディダスの古着。
ツメは自分でした
こないだ原宿サンタモニカで7000円弱だったメキシカン?スカート。女の子がケガして泣いてたり、うさぎが邪悪なカオしてたり、イミフメーのプリントがかなりステキ!!
ホテルでブーツをみがいてもらった
表参道のZARAで初めてのお買いもの。去年の春ごろ、担当のミキティと一緒に♡♡仲よし。
ミキティハッピーバースデー!! バリバリあそぼうねん!!
day 1
最近パーマもかけて「キャプテン翼」ヘアーにこっている。
渋谷円山町のギャル店で買ったピアス。通称「カレー皿」
ネックレスは親友けんすけにもらったアンティークオパール。ステキなの。
中はPJの黒スリップ。
おなかの部分にバーッとゴムが入ってたんだけど、形が気に入らなかったので全部ぬきました。大変だった～!! シルクだって 109-②で安かったカーディガンと。

Front Styling
Front Styling
チェリーコークててオオタうに
すごいたのしい…♡
ので1日中やってる。仕事をせんか。
でも火尭いちゃうと曲間ができちゃってつながらないのね…
DJのように
やってこ
最近、自分で音楽を編集してCDを火尭けるようになりました。
酸!!
オウ!!
ナベの中のごはんが1日で発酵させつ…
ケーキがとってもうまー♡
パンも。
近所のフレンチが出店したパティスリーがお気に入り♡
そして空きビンに生ける。
清貧ハ
お出かけついでに渋谷の青山フラワーマーケットやきのくにやあたりでおうち用のを買う
週の中ごろにはお花を買います。
現在はカサブランカ
と、ステキ生活ぶっていますが
そのせいか体しぼりっすげーたけーんだよな
へらない
最近甘いもの大スキ!!!になってて困るのよね―。
苦手だったのに
完全インドアまっしぐら
もともとだろ
で、実家に帰るともくもくとハギレまきまきハンガー作り。
リボン状にしたハギレ
4秋ちゃんの本に載ってるよ!
そこで、今集めているものは、クリーニング店のワイヤーハンガーです!
ウフ
友人に配ってたのしんでいるのじゃ。
ティファニーで買ったGOLDのダイヤモンド形ピアス―♡自慢ですけど?
親友けんすけにおたん生日プレゼントでもらった、アンティークのチェリーは大きいペンダントヘッド。すげカワイイ♡
「翼くんヘアーじゃ!!」とかゆってたらW木不なんだってね。
つなぎとアップリケで今更シンプルライフ
つまり農村。
Tシャツは、すんごい昔のパパのアメリカ土産。ワンピースにくっついてきたものだけど形が良いのだ。
メエ
いつも一緒に寝てるメリー子。
ヤギだっつーの
このつなぎは今夏最大のお気に入り!!
前から見ると
こんな
フリルもデニムゆえ上着着ると変。すごい肩ハバ!!みたいなことに。
明治通りのセレンディピティで2000円ちょっとで買ったサロペット。試着せず買ったのにナイスサ〜イズ♡
年の功ってやつだな!
神戸以来→大スキ♡♡なチャオパニックで買ったよ―。1万ちょい?
←ローウェスト。立ち上がるまで、みんなつながってることに気づかないの。かなり農村的に似合う。
おしりにつけたアップリケは、これまた親友南の京都土産。同じものを扱っているお店が原宿にもあるみたい。行ってみた―!!♡
同じカットのジーンズほしいなーってくらいスキな形。
長ぐつ?
ネコちんと
チェリー
ありがとー!!
デニムには赤とチェリーが似合う。
神戸のEVAで2100円くらいだったパンプスを合わせる!
Here turns! Cherry Coke

チェリーコーク23
おおたうに
これをすりおろす。かたい。そしてツンとくるぜ。
それが
えぞわさび!!
つまりホースラディッシュ。
札幌に行ったので買って来ました。
北海道では刺身についてくるほどフツーの食材だよ
北の子→
あらそうなの
たまーにゆくごはん屋さんの有名メニュー「わさび飯」
あづい…
親の知らぬ食材や場所を知ったとき、大人になったなあ✨と思う。
そりゃよかった
もしゃ
もしゃ
このショーゲキ、酒呑みにはたまらぬらしく
ママこれスキ〜♥おいしいわねえ
だって。
辛
うまっ
そこにきざみのりをやはり
どっさり!!
たきたてごはんに
どっさり!!
おしょうゆをタラリとかけていただきまーす♥
ここ3ヶ月のお買いもの。
Kids
FAT
JUST FLUFFY
I'M NOT FAT... JUST FLUFFY
「太ってないよ…フワフワしてるだけ」アツイメッセージだぜ…のTシャツは明治通りのDEPTで。1200円ほど。
Kids
アニメ絵なの。
沖縄で1200円ほどで買った「スターウォーズ」T。もう1枚も買ったよー。
ファンも納得の1枚♥
髪のびてきたー。夏はむすべるとラクちん。デジタルパーマかけてみたい〜。
←ユニクロ1000円のニットボレロに無印の4チェックキャミソール。このチェック大スキ♥♥
神戸のチャオパニックで買った、ビジュー山もりのビルケン風サンダル。
7000円台でした。
こちらはフェラガモのパンプス〜♫
神戸にて。2900円とかそんなんでした。今お直しに出しています。中じきがベロンとなってた。
オモテ「i-book」「&」「i-pod」。コードが「&」になってる!
これは神戸で。あまりにステキな1枚。2000円くらい?いちおうマックユーザー。
ウラ
りんごマーク
神戸でひとめぼれ!!したのに買えずに帰宅のカゴバッグ。
実はちょーアツイ夏のデニム。
沖縄で買ったテキサスT。友人コースケととりあい(笑)。ゆずりませんよ!!
TEXAS
ダラス好き。
これもチャオパニックにて。革りぼん。
どーしても!!欲しいってさわいでいたら、フェリシモのイマニシちゃんが買って送ってくださった!! ありがとー♥♥♥ 5000円くらいでした。
↑デニムは、ものすご〜い前の父の日に、パパにあげたがはかれずに放置されていたユニクロ。ひろってはいてる。こういうラク〜なかっこばっかり。
これも神戸ラジカセT チェキー☆ Tシャツばかり買っている〜。ミッキー&ミニーのなどもあります。
player
これもかわいいのよねえ…
大きめ。

あんまり人気がないみたいで、昔ほどステキな本がない
久々にがっつり刺そう！と意気ごんで、手芸店にゆくも
クロスステッチ
クロスステッチ!!
＋でパズルのように絵を描いてゆくのだ。
小学生のころから夏休みになるととりかかっていた刺しゅう。中でも大スキなのが
チェリーコーク 24
オオタウニ!!
みんなワンポイントものばっか
キルトがやはり人気みたい。
でも「雄鶏社」のシリーズはすごくかわいかったので購入。
しかし私がやりたいのは「1枚絵」ま
中学生くらいのときに買った「文化出版局」の「デンマークのクロスステッチ」が、ほんとに大スキ!! なんだけど、このシリーズ絶版かなー。
ただちくちくと針をすすめるこういう系の刺しゅうってほんとに楽しい!!
前も描いたけど「刺し子」も続行中。
ぬいぬい。
ニヤリ
エスニックショップで1200円くらいのプラスチックピアスは形がゴージャスで軽いので便利。
ネックレスはウッド製なので金属アレルギーの人も良いよ。
こちらも沖縄で3000円くらいのドレス。1枚で着るのに抵抗がある街中ではTシャツをIN。
ママのクロゼットからパクった(笑) ロエベのクラッチ。革がステキすぎ!!
長いスパッツは80年代っぽいシルエットで大人っぽい。
夏の脚は日焼けやサンダルばきで傷みがち。夏こそ保湿ですね!!
線画プリントワンピース
夏は顔に髪がかからないラクラクヘアー。でもカオのむくみが一発でバレる。
そのため大きめピアスは必需品。これはクレアーズのセールで300円のニセ石。軽くて便利!
ネックレスもニセターコイズ。ひとつはプラスチック、もうひとつはPJリンダさんのお店「L lores R.」で2000円弱で。安くてカワイイ
夏だけ出てくるヴィトンのビーチバッグ。中にフカフカのパイル。大きいサイズのターコイズ欲しかった!
「しまむら」で980円のスパッツと沖縄の「地球雑貨」で2000円くらいのワンピース。このプリント大スキ♥
去年の夏の終わりにOKIDOKIで、かなりお手頃価格だったデッドストックサンダル。サイズもジャスト! ニセ石つきです。カーワイーイ♥
せぼっか。
「LIVS」のニットブーツは夏用～♥ 2足あるよ。
今、おろすとゆかいな髪型
ぼさー
でも涼しくなるまではむすべる長さが良い。
それゆえヘアゴム強化中。
ピン2本だけでつくる夜会巻きが定番。というか、勝手になっちゃう。
ズルリ
長いときはどんなにチャレンジしてもできなかったのに!! 重くておちてきちゃう
長さって重要ね。
これをすこしつけて
まるめこむのだ
ニヤリ

チェリーコーク25
おおたうに
来年もやりたい「想い出づくり」
エマールして、また来夏!!
しかしつめかえしょっちゅう買ってる気が…
お、これも着た。
「うちあわせ」という名のごはんだからかな
打ち合わせイガイどこも出かけてないのにけっこう夏の服を消化できたような
つまり1回は着た。
なんっっっにもしてないのにマジで夏が終わった
おおおぉ～
ムダに髪がのびてるから時がすぎてるのはたしか…
ふるえるわ～
パーマネントをあてました!!
そしてツメは最近ずっと黒
シャネル的な
そして!! ついに園芸開始!!
100均で土やらプランターやらを買い いちごの種をまく
あれから5日もたつのにまだ出てこない
芽が
しかも種が小さすぎてどこにいるのかわからん。
失敗か!!
もしや
秋色ワンピース
こういう、イミフメーなボリュームの頭がしたくなる秋
このくらいの長さだとポニーテールがカワイイ。長すぎるとコワイ
これが重いんですよ
こういうネックレスほしい
この間、二子玉のShipsで買ったワンピース。うすいスエット地で9000円くらい。長く着られそう。
海外通販のサイトでほしくてほしくて、でも完売!! ガーンと思っていたら再発にキャー!!ってソッコー買ったパーカ?ワンピース。フードがでっかくて灰色赤ずきんみたい。
袖イガイはでっかいパーカで自分で作れそう。とかいってこんなキレイにはぜったいできないのよねー。
miumiuで買ったサイフー
エナメル
夏の終わりに黒に夢中。フシギ。
スワロフスキーの限定黒ひつじちゃん
カワイイの。
箱も
ずるずるおちてくるんです なぜか黒の方が。
白いねー
まあもう、8月後半はブーツですよ。LIVSのニットブーツは2本 オフ白のニットブーツ、NUSYちゃんと創ったよー!!
15000円くらいだったような。

これを描いていた2ケ月くらいが思い出せません。
おめかしデイト
おしゃれTPO
まだヒミツ
ぬりえ
見てネ
夏を捨ててがんばりました〜！
実りの秋
夏にせこせこまいた種がドサッと芽を出す。
おっかいもの
おっかいもの
チェリーコーク26
オオタウニ
そしてもちろん ファッションの秋は着まわしで！
zipper担当ミキティがくれたくまちんゴム。カワイイ
フェルトだよ
DEAD OR ALIVE
ラインストーンブローチ
行楽の秋
女3人ブドウたべただけ
ブドウ狩りに行ったり
パープルのアクセサリーはスパイスがきいてカワイイ。3連ボールチェーンはママのお古。
JIM MORRISON Tシャツを着まわせ！
大和書房「おしゃれTPO」担当シライさんにもらったストール
OKIDOKIで1900円だったこのTシャツ、ジムが立体的なの。
千鳥格子の帽子〜 秋冬は帽子よね！
おすしに行ったり
家族でね。
ディズニーアート展に行ったり
前号のお姫さまワンピース〜♫
同じ柄のカバン持ってたの!! これをいただいてからストールまきにこっています。
ラグランって太って見えませんか？
太ってるだけ？
ある年齢より上の男性に
にウケる。こわいぐらい。
マンガ「BECK」に出てきそうな人に、指さされて呼ばれた〜〜!!
JIM MORRIS 1943〜
ちなみにDOORSのひとだよ。
てづくりの秋
見て見て〜
昔のレタードネックレスを実家で発掘
昔もらった水晶のうでわのゴムを替えてみました。すごいでかい球のが欲しい。6万とかするやつ!!
カバンにひっかけるだけでいろんな表情がたのしめるよ〜
10年以上前のボロボロのLeeのデニムをカットオフ! ブーツを合わせる。
無印で白い革シューズを買ったよ〜 5000円。久々にこんな形のを買ったのでファッションがたのしい。
10円の布で10年以上前に作ったスカート。直し直しで10年…。厚手のボコボコ布。ひきずる長さがスキ。
リネン類にさくらんぼの刺しゅう。定番モチーフなの 小学生のころからとくい♥

朝起きたらいきなり風邪!!とか。
う
それと同じく、起きたらいきなり限界!!が来る。体型と髪!!
ところで!! 冬って風邪と同じくらい突然来るよね!!
今年暖冬って本当!?
いきなりだが
エステとかに行きたい…
おつかれ中。体型が。
CHERRY COKE 27
OUTA UNI
I wanna be a rich girl
しかも2枚ほぼ同時に!!
とか言ってんのに
しかし しかし、買ってしまいましたよ ラグジュアリーを!!
キルティング
豊島園駅前のお店で買った「ロベルタ風」キルティングバッグ315円
求む!! ラグジュアリー!!
と、お肌もプリプリのZipper読者に問う30代。
みんなどれくらいエステって行ってるの――?
10月半ばにすでに乾燥
うーむ うーむ
昔のアクセサリーをひっぱり出してきております!!
長さがおもしろいガラスビーズは学生時代明治公園のフリマで250円。
靴ヒモ(笑)につなげたのは贈答用のシャネル石けんセットに入ってたNo.5の小ビン。17歳のときに作った♡
どっちがリッチ?
パールのピンは最初のサイン会で読者さまにいただいたもの。
日本では絶対に!! まちがってるイメージのラルフ・ローレン。昔の青学生と当時の高校生(つまり我々)のせい。スマン、ラルフ。
すんごいステキな編みこみのサーキュラーニット。ボレロみたいな丸い形。こちらはふくらんだスカートに合わせて…♡
このカーディガン!! 2日悩んで買いに走ったエルメスたん♡ キャー♡♡♡ 100%アルパカちゃん リッチな古着みたいに着たい。エレガントなの!! メタルボタン。
買うつもりもなく入ったOKIDOKIで出逢ってしまったリングブーツ。丈も大きさもカワイイ。15000円くらい。
両方とも、素材も形も高級でしっかりしているので、どんなものを合わせてもひっぱり上げてくれる。デニムでもリッチ
安いけれどステキな冬の必需品♡♡
毎冬恒例 ジョンソン&ジョンソンの
ベビーローション。大きいボトル。安いとき500円台。
「草花木果」の透肌マスクジェル
ゆずみたいな良い香り♡ってゆずか。
最初はいただきものでリピート中。大ちゃんアリガト!!
これも草花木果のリップバーム すごくいいよ
自分で毎日お手入れってのは当然なんだけどさっ(さぼってるけど) プロの人にやってもらうってちがうよね――
って、今回ひたすら「エステ行きたい」ってだけだな(笑)。
では話題を変えて
ぼわっ
パーマネントあてました!!
好評!! イワイさんありがと―♡♡
けっこう前ですが!! 起きたとき上の左のように…。

そういうのは「運命の人」とかだけにして欲しい
しかも居ないし
今年は「ふり返れば ヤツが居た!」感が強かった!!
毎年恒例!!!
イエー!! 年末進行ー!! キャー♡
Cherry Coke 28
outa uni
あまりの仕事量に一時パニックになる32歳。職歴12年目。
女友達サイコウ!!
心を癒しております
なのだが
「原宿お買いものツアー」や「日光パワスポ巡り」などで
今年のクリスマスがしのばれる発言。
霊体験まんさい
あわわわ こんなに描けない!! 文字チェック2冊分とラフ2本と本チャン6本が明日〆!! キャ〜〜!!
肌ざわりの良いタートルが欲しいな。うすでの。ニットじゃないやつ。
これも原宿で!! マーガレットもようの夏用ワンピース 5000円♡
中学時代の私が確実に萌えたであろうコーディネイト。でも今はムリ!!
いやー それにしたってあなた 東照宮サイコーでしたよ
世界遺産
ねむりねこ
小さいナ
原宿のステキな古着屋さんで友人南が見つけゆずってくれたラルフ・ローレンのニットフーディ。胸の開き方やフードの大きさがすごくステキ♡ 5000円くらいかな?
今年はいろんなことを再発見することができたわ。セーター類のすばらしさも再認識 あったかくてカワイイね!!
来年もまたいっぱい旅ができたらいいな
髪型は私のファッションリーダーSnoop先生のマネ。
とってもうすーいので下にワンピースを着た。
都筑阪急で買った雪印ソックス 980円
みつあみキッチリに15年以上前にソニプラで買ったクリアボンボン。
立派に直ったマサキマツシマ!
冬はやっぱりこういうかっこがスキ♡
初期パフィみたいな。
これが正気の沙汰と思えぬほど短いスカート。「ZARA」で「ヴィヴィアンみたーい♡」って買ったんですよ。8000円近くもしたんですよ。パンツ丸見え!!な丈なんですよ。血迷いすぎ!! はけるか!!!
神戸あたりからやって来たようすの原宿の古着屋さんで、デッドストックセーター5000円くらい。ちょっと大きかったけど、エマールでジャストサイズに変身♪ ラッキー
これも原宿の古着屋さんで買ったデッドストック メリー子ちゃんリング 1900円。
カワイイ
原宿ってスゴイねー!! また行こーっと。「ハイジ」のDVDカワイイよ!!

# of Cherry Coke

博識。

明らかにまわしもん！な1枚。だいすき!!これ着たらマックじゃんじゃん使えるようになればいいのに……。

ユニクロボレロ

セール箱の中にいっぱいあって、1000円くらいだったような。ベージュも買いました。マキシワンピに重ねたりします。

無印チェック

無印が定番で出しているこのグリーンのチェックが大好き。英国!なイメージです。

Vol.23

くたくただけど

大好きなデザイン。短いチュチュを覗かせて、水色デニムとハイヒールのコーディネイトに使用。

うちのパパはテキサス帰り。

マジっす。スキっす。沖縄で買ったっす。色とシンプルなデザインに惹かれましたん。お肉たべたい〜!

ぺたぺただけど

両方微妙に歩きづらい。でもかわいい。機能性を重視するなんて、女子の風上にもおけないわ!

太ってるわけじゃないよ！

ふわふわなだけ！と、私のためにあるような素晴らしい名文句。大好き!!な1枚です。DEP'Tで。

すたーうぉーず

観たことないので、右の人が誰なのか･･･。子供サイズでへんな丈。沖縄で購入。

旅の友

買い忘れて悔やんでいたら、フェリシモのイマニシさんが送ってくださったの〜☆夏の車旅行によく持ちます。革部分がくさい。

Special Selection

ヘビロテワンピ

薄手でシワにならないため、旅行にも便利!なワンピース。なぜか担当ミキティがイヨーに注目してくれる1枚(笑)。

白雪姫スエット

着るとお姫様みたいなシルエットになります。パフスリーヴのふくらみが最高にかわいい! フードも大きくて、胸キュン。

Vol. 25

スワロメリー子

友だちのお誕生日に買ったのとおそろい。限定黒ひつじちゃんだって。ほんとかな?

アメリカン☆ポップ☆バングル

中学だか高校時代のパパのアメリカ土産。MoMAとか、そういう美術館の袋に入っていたような…。大きなバングルです。

ミウミウウォレット

風水的に、黒い財布は良くない、とか聞いたのは最近だが、このお財布使う期間短かったのはそのせい? でもかわいいです。

LIVSのニットブーツ

ぐったぐたのデニムと合わせて、なつかしのグランジ!みたいなスタイルに。黒はいったいどこ行ったんだろ?? 海外通販で買ったよ。

# of Cherry Coke

エルメスの輝きが！

ガガーン!! なんと、クリーニング出したときのボタン保護アルミ箔がついたままです(笑)! ボタン1コ1コに、輝かしい刻印が施されていて、落としたら泣く。

ろべるた……？

豊島園駅前のお店で300円程度だったキルティングバッグ。まだ使ってないけど、なかなかのエスプリです!(←てきとう)

ラルフのサーキュラーニット

後ろ姿の写真がないのが残念! 広げると、まん丸。着ると着物のように襟が抜けて、ほんとうにかわいいです。

乙女心スカート

総レースでしっかり生地という、超私好みの1枚♥ ウエストラインがきっちりしてるので、太るとパツパツに。

レース部分にこだわりスリップ

あっさりとした幾何学的なレースが実は好きです。「ピコレース」と呼ばれる少女っぽいものも! いつか、レース刺繍をしてみたいなあ。

Vol.27

FRYE似だけど・・

真っ赤なニセモノ! そして3分の1の値段! わーい☆ 大好きなブーツ。豪華に見えます。

Special Selection

Vol.28

お花つき白衣
とっても薄い素材なので、真夏よりちょっと肌寒い時期に重ね着することが多い。黒と合います。フリルつきの丸襟もかわいい。

メリー子リング
デッドストック、と書いてあったよ。このペールブルーに非常に弱い。ウェッジウッド的な。

愛しの水中花！
学生の頃、フラワーで購入。いっぱい色があった中で、なんでブルーを選んだんだろ。ほかの色も欲しいなあ。

ラルフーディ
古着屋さんで見つけたラルフのフーディニット。これにふつーのブルーデニムで、「ラグナビーチ」気取りたい！

ながーい木靴
だけどとても軽い。コレクションの段階では表革だったんだけど、販売されたのはバックスキン。マサキマツシマの、大好きな靴です。

ウールミニ
縫製が微妙なんだよZARAはな。これもチャックまで一緒に縫い留められてたのを解体した一着。だけど未着用。しゅーん。来世は脚長に生まれます。

トナカイカーディガン
洗ったらジャストサイズに変身した、デッドストックウールカーディガン。おじいさんぽいこのボタンが大好きなのです。

2007

Fashion topics

・「ワンピース・カラータイツ・ブーティー」大流行
・梨花ブーム
・パステルカラー
・ミニ旋風
・ディータ来日　クラシック・ヴィンテージに注目
・マスキュラン　トラッド　テーラードジャケット
ライダース　モッズ　ミリタリー

服作りに精を出していた年。相変わらず流行には疎い。自分自身で買い物をした記憶は乏しいんだけど、引っ越しとかちいさな宝石とか、妙な大物が多かった。なんだかとにかくＩＫＥＡで買ってる記憶ばかりが鮮明。雑貨類やアーティストのシャンデリアなど、家まわりのものばかりですね。

着付けプロの友だちのおかげで、着物や浴衣を着る機会がいっぱいで楽しい。

素敵健康サンダルＭＢＴを教わって買ってからは、もう日々それぱっかり。歩くことが楽しくなり、1年後には体力アップ☆
お肌も完治し、かなり健康優良児に。
気づいたら、6キロふとってました！　アハ☆

チェリーコーク 29
オオタウニ
道の駅 全国地図
道の駅
定価 980円
旅行もいっぱいできたし、本もたくさん出してもらった2006年
最もステキな本はコレ!!
もりりん まこちん そのやん 今年も旅しようねー!
新しい年! みんなの昨年はどうだった? 私は気づいたら後厄あけてたよ★
「厄年」より前の2年くらいの方がずっと厄っぽかったな。肌あれしたり大変でした。
亀だ 3兄弟!!
ブライス的にあたまがバーン☆とでっかくなるバランスが好きだ――
近頃アイメイクはパープルの風再び。いただきもののMACがキレイ。
学生時代にフリマで10円で買ったプラスチックのお花ネックレス(こわれてたので直したよ)に編集イマオ嬢にいただいた手づくりのペンダントを重ねる。
すごい!! アクセサリーマスターの女の子なのだ。
ともにユニクロタートル。
haco.のスロウオオキ! 激カワイイウールワンピース!! 透けるので、下にはくものに苦戦中
ブーツはたいが!! 大きすぎるので100均の中敷を何枚も重ねたりします。
友人けんすけのおうちに行ったときもらった象牙色の大きなネックレス。つけるのがむずかしいがカワイイ。
夏くらいに二子玉のShipsで買ったワンピース。これ描いた? こうすると冬も着られて便利~
むかしむかし買ってずっとはいてる長いスパッツ。
ZARAで1万円くらいのラメ黒ペタンコバレエシューズ。パイピングかわいい。
私がこの冬熱心に買い集めているもの。それは
タートルネック
昔は冬の大定番だったのにここ5年ばかりまったく興味のなかった服。
なぜなら!!
夏の服バンザイ
ちくちくしたり首まわりがうっとうしい
からです。
セーターって!!
友人アッコを見ていて
バレエ用
今年ようやく、なぜセーターにこだわる…?
ならば肌ざわりのよいコットンのにすればよいではないか
ということに気づく。
ユニクロたんの1000円のタートルがとってもよいのでお値段も♡
色んな色をいっぱい買っています。
昔なつかしのバランス再び☆
またパーマかけたよ。たっこくるくる
重ねれば夏用ワンピースも見た目にもあたたかく着られる!!
UNI
UNI
カタン☆ゲタキ!!
フツー?

チェリーコーク30
オオタウニ
これはきっとパーカだ!!!
たぶん!!
かぶれた!!!
?・なぜ?
形の意味がよくわからない
しかしなんと
妹もよくわからなかったようだ。
妹の「着られぬ服袋」から発見!!のギャルソンのTシャツ
おう
春めいてきたのでロマンチック
空がキレイ。今年はほんとに空が。
「上等な靴をはきなさい。そうすればその靴があなたを素敵なところに連れて行ってくれる」
友人がいつも言う「魔法のコトバ」
ひねってピンでとめる前髪と丸顔にはよいスタイル。パーマはポニーテイルがかわいくていいな。
さっそく着てみたYO! 友だちのB.D.Pにて。
ふわふわヘアーにおりぼん〜。
やっぱりお花と小物
バラモチーフはカワイイ。これは別本担当ちゃんにいただいたNY土産。
透け感のある素材とヴィヴィッドな色
最近よくフープピアスを片っぽなくす。なんの暗示だ?
これはチチカカで買った南米クロス
色石つき。
この言葉で一体何足の靴を買ったか!!
上等かどうかは別としても。
むかーし友人コウペイにもらったあめ玉みたいなでっかいネックレスをつけて。
これもはるか昔中目黒で買ったスリップ。レース部分がカワイイ。
ということで
またもや買ったよステキ靴
ニュージーランドで16年ほど前に買ったセーター
同じようなのがどこかのブランドで出てた。サイズもこんな。
フラリとmiumiuに入ったらシルバーもあったけどゴールドにしました。色もステキ。ペタンコ。
OKIDOKIで5000円くらいのカンガルーちゃんバッグ フワフワなの!! ミラ よりも!!
一体どんなステキなところに連れて行ってくれるのかな。
出た!! 絵画スカート!! これ買ってほんと正解だわ〜 サンタモニカだったかな?
こういうスカートにブーツってほんとに大スキ!! Back To Basic!!
アギレラ??
デパートで買った雪モチーフハイソックス。PJのカラーあみタイツなどもとても便利!
小説「イナカノコ」出ました!! 読んでね
すばらしくカワイイ装丁なの!! お菓子みたいだよ!

この間、ひょんなことから またまた沖縄に行ってきたよ!
おうちのお花たちがなぜか ものすごく長持ちするようになってうれしい。「気」とかのせいかな!
パーマー
春を前にパーマを取ってストレートに戻したので男子みたい!
景色にも空気にもお花がいっぱい! 大好きな春がやって来ました
大好きな雑貨屋さんに再び行ったら!!なんと5分前に閉店してたんだけど
「地球雑貨」だよ
実物大
プラスチッククリア 1680円
初めて行った夜の国際通りでフラリと入ったお店に、大大大好き!!だったアクセサリーメーカー(?)「Candy」のものが置いてあったの!!
bloom bloom
cherry coke 31
outa uni
ピンはラインストーンつき。サイン会でいただいたよ
国際通りのお店が10時くらいまで開いててとてもラッキー しかし あの通りってすごいわー!!
ネコリング 800円
昔109-②3Fのしょっちゅう見に行ってた!! 千秋ちゃんいわく、「名古屋のメーカーさんだよー」とのこと。ほんとにすんごいカワイイの— 東京では今どこにあるんだろう?
春はやっぱり心もウキウキするワンピース!! おまけにお花柄!
サイン会のときにいただいたステキリング。
蝶々モチーフにアメジスト(誕生石) 彩ちゃんいつもアリガトー キレイ!!
「地球雑貨」で、なんと1400円くらい(SALEコーナーだった)の、ブロードプリントのワンピース。
ミハエル・ネグリンのスタッフの方がくださったー!! スゴイカワイイ!!! その方のファッションもかわいかった。
リップもキレイな発色のものを選びたくなっちゃう。
これも1400円くらいだったバラ柄シャツワンピース。同布でキャミも買ったよ。900円でした!
バースデーだったのでアクセサリーをたくさんいただきました。
スソがややバルーンなのがカワイイ。
靴はワンストラップシューズ。女の子にしかできないかっこでお出かけしよう!!
Zipper担当ミキティから、なんとマカロン型ネックレスを! 本物すぎるリアリティ!! いちごにラインストーン。
ロールアップデニムは春っぽい!!
これはmiumiu。
仲良しイマオ嬢からいただいた手づくりポンポンのにぴったり!! 重ねづけするの!
これは むかーし デパートで買ったデニムのやつ。ラクラク。
春の香りは沈丁花のやつとディオールのディオリッシモ!

Cherry Coke
オカダウニ 32
横ワケ
PJで下着を1年分買ったり、フェリシモやアマゾンで買ったり
しかしネットの人気サイトを見ていると、7〜8万のワンピースが飛ぶように売れていていつもびっくりします。
また完売!!! ほんとかよーー!! 試着せずに実物見ずに7万円! 店やってる人とかなの??
転売目的か?
ふたたび通販でいっぱいお買いもの生活
春先も大活躍! ユニクロタートル。来年この人の存在を忘れていませんように!! でももう濃い冬の色はしまってるよん。
ピーチジョンで買ってみたギンガムドレス。長さもドラマチックでカワイイ。茶色も買えばよかったかなー。
そしてビーズ刺しゅう生活
なんで白いシャツって一度も着てなくても勝手に黄ばむんですか!! 実家で漂白しまくったよ♡
昔韓国で買ったやすーいビーズうでわとプラスチックのうでわをほどいてネックレスにリサイクル。こういうの大スキ。もっともっとリサイクルしたい!!
これは→ 未使用の、多分外国で買ったらしいレースブラウス。
お花刺しゅうがあるところに3色のビーズをちりばめてみたよ。キラキラしてカワイイ♡ スカートにもほどこし中!!
この夏はブーツをお直しに出そうっと♥ かかとがけずれてしまった。
茶×キミドリのくみあわせがスキ♥
← 高山に行ったとき、古着屋さんで3000円ぐらい??で買ったラングラー。
どろりとした甘い色と形がカワイイ。ラングラー!! いいよ!!
← ここでも丈をなやみ中。
15年くらいつづけた悪習「夜型生活」にピリオドを打ちはやひと月。
毎日 9時に起きる
なぜか
…
どんどん太る!! むくんでいる!!
効果? らしきものは
オヨ
この程度。
自分しか思わないみたい↓
白目が白くなったよーな…
友人アツコ宅でオカマックスビーズ会開催。
コーピーが四六時中イミフメーな言語を喋りつづけてて
うざい。
パンティショーーック!!
いきなり叫ぶ32歳
うるさい!!!
まじでだまってて
思うに早起きって
たいして体によくないのでわ
↑ストレイテナーしんぺいくんをめざす髪

CHERRY COKE
OUTA UNI
ずっと前に古着屋さんで2500円くらいで買ったまま、着方がわからず保存していたキラキラシルバーのニットベスト♥
ブラウスにベストとして着れば良かったとは…。タンクトップとして着ようとしておりました。
ユニクロのパフブラウス1000円くらいと重ねて着ます。
ママの古いイヤリングをピアスにしました。
シルバーのハート!! そしてリボン。
同い年だッ!!
いだい〜
蛇口をひねることができぬほどの痛みに泣きながら原稿を描く。
右手が絶不調
うぐー!
ガングリオンとけんしょう炎の併発ですが。
病院行ったら休診だった…。
手術したくないな〜。でもオペしかないらしい。
イーヤーダー
これには子供のころ買ってもらったスワロのチェリーブローチ。チェリーがスキ♥
このかっこで皇居に行ったよー。雅楽を聴きに。
ブローチが好き——♥なので、いろいろなものにくっつけています。
フェリシモのスロウ(カワイイ♥♥)で買ったコートやデニムスカート。春先にぴったり♥
昔パラビオンで買ったブローチをとめているよ。
19才のころ
イヤリングとセットで3800円くらい。
イヤリングはピアスにした。
学生時代文化屋で1000円だった↓
「inu」のピアスカワイイ!! とってもウレシイ
らくちんワンピースに友人南が天使の羽刺しゅうをしてくれた!! 天才的に上手なのでいろんな服に刺してもらっている!!
スゴイかわいい!! もー全部に刺してくれ!!
地味な服が華やぐわー♥
昔ベトナムに行ったときママが選んだビーズ麦つきスカート。多分1000円くらいなのだけど、長さもボリュームも安っぽくならなくてなかなかステキ。
アンティークのイヤリングやブローチを使えるようにじゃんじゃんなおしているー。
ネックレスも長さ調整→
アツコありがと!
今さっき海外通販「LAセレブ」で買ったものが届いたのだが…!! ありえないでかさのアクセサリーを買ってしまった…。おそるべし通販!!
こんなにどーすんだ!!と思ってもやはり買ってしまうー。
でもスキ♥
一枚だとさすがに安すぎて地味なので、下にペチコートをはいてふくらませました。
いよいよサンダルの季節だな。夏だな!!

なにごとも、丸々3ケ月からよね
丸3年越えて見えてくるものに気づいたわ〜。なんでもそうよ。
3ってほんと聖数!!!
早起き生活3ケ月越え!!
夜明けを見る毎
さすがにフツーになってきた。
いよいよさくらんぼのシーズン
イタリアのチェリーハンチング
今年こそかぶろラ
Cherry Coke 34 OUTA UNI
サイン会でいただいたチェリータンクトップ愛用中♡
一度は行きたい山形さくらんぼお守り
あっこちゃんにもらったチェリーペーパートランク。
……
しかし2週間経ったある日、突然あきた。
ことばっかり!!
工場みたいですごいおもしろい
ウフフフフ
毎日毎日ほんと——にもくもくと仕事している。淡々と…
作りつづけるアクセサリー。
ピンクの大きなビーズ?はコーピーにもらった♡
マライカのピアスにカラービーズつけただけ。
リサイクルっぽいのがスキ。
これは今回のセールでダントツかわいかったおばたまブランドのブラウス。
元値が5万!!! ありえない値段!!
シルクガーゼ。が1万ちょっと。
近頃ふたつゆわきや三つ編みができる!!ので切るか切らぬか迷っています。
ここぞ!!とばかりにヘアゴム活躍中。
ちょっと前にパパ(実父)にセールにつれてってもらったよ——ん
家族でたかる
クス
これは妹イチオシ!!のクロコのバッグ。いっぱい入って色もカワイイ。マライカで200円で買ったキーホルダーをコロリと。いたるところにつけている。けっこうたまっちゃいませんか?
妹とトレードしたワンピース。これができるから姉妹って便利。こういう南仏?っぽいシャツワンピースってステキ!! 布もたっぷりとぜいたくで、涼し気です。
昔109で買ったエナメル(風)リボンベルトつけよう。
ほぼ毎日はいてる→フェリシモ「リスクローズ」のバギーデニム。4000円ちょっとでした!! 大スキ。
シャツとアクセサリーを替えるだけー。ラクちん。
ケネス・J・レーンのりんごとチェリーも買った。
いちごは種のとこがレッドクリスタル。
服はほぼ同じでもアクセサリーひとつで印象がまったくちがうよ! 旅にも便利♡
ということで、早めの夏休み?でちょっくら旅に出まーす。
1週間ほど。国内だがよ。
歩きやすくて白とかでウェッジソールなサンダルが欲しいものです。
あたらしいアイテムがいっぱいふえたが、なにせ仕事しかしてないので着てゆくところがない。出かけるときはいつもバギーだし(笑)。
通販で。
久々にどうしていいのかわからんものを買ってしまった。
7.5センチ
6800円とかしたんですけど!!
プラスチックの星…安い質感。おまけにでかすぎ

Cherry Cake 35
(in 北海道)
OUTA UNI
←むちゃくちゃな地図
6月の下旬に北海道に行って来たよ！
妹と
このように完全に盛夏の装いにて。
ついたらフツーに寒い!!
麦わら帽かぶってるヤツなんて全然いない!!
うさぎちゃん 400円
これはねー！旭山動物園で作ってもらったアコガレの飴細工
こういうのが壊れない!!!
最終的に「小物入れ」になってゆく…
逆さにして
カバンの中に置くと
あ〜ら便利!!
ガールズビーアンビシャス!! 野望を抱け!!
駅前デパートがPM 7:30に全部閉店する街 旭川にて購入
以前行ったお店がどこなのかさっぱりわからなくなり、新規開拓。
エスニック屋さんもいいものいっぱい!!
パルコでも見つけたシェルピアス。カワイイ。
古着屋さんで2500円弱の半ソデスエット。
シルバーのヒョウ
消えかけのメリーゴーランド馬
半ソデスエット大スキ
もちろん行ったよ 北一硝子へ
そして買ったよ1800円のバラ柄ガラス風鈴を。
バシャ!
飾ってたった1日でいきおいよく閉めたカーテンにひっかかり窓ワクにげきとつして割れた。
うえーーん。
なぜか今回ゾウがスキ。
旭山動物園で買ったゾウ子ちゃん。ゾウいなかったけど。
小樽のエスニック屋さん（アーケード内）ステキ!!!
3000円もしたけど買ったよ
水牛のツノで作られているコサージュ硬い。
スケ感アリ。カワイイ。
5000円くらいの花柄シャツ。
かま栄 ウマ〜
北一のアウトレットで気になって買ったスワロフスキーのゾウブレスレット。
やや高価!! 値落ちしてこの値段では…。
↑仕入れ先が東京だったが。
ラインストーンとゴールドのゾウが交互に…
これは無印でいくらだっけ??のハーフパンツ。通称「男子のひざ下」の私が似合う、ショートパンツ唯一の丈。
おかーレのサンダルはアニエス。今年は久しぶりに大活躍中!
お買いものもハスカップも、収穫は楽しいなーー!!!
また来年摘みにゆきたい!!
長い指出し手袋。
キャップ
タオル
ビニールの上着
朝9時から大通り大バーゲン!!の札幌を泣く泣く(?)後にし、千歳へ。
もくもくとハスカップ摘みにあけくれた。すっごい楽しさ!!!

起きる
お水のむ
カオ洗う
アルソアのミネラル石入りポット
ゴウン ゴウン
せんたくしたり
ごはんたべたり
見たり
…
メルマガしか来ねえ
しているうちに夕方
毎日そのくり返し
チェリーコーク 36
生涯一労働者!!
オオタウニ
そんな私の日々のたのしみ
湯舟に入れるもの
湯の花と安売り岩塩のブレンド
ものすごい保温力!!
いつまでもお湯が冷めませんよ!
こういうヘアスタイルが似合う人ってアコガレ。丸顔なので問題がね。
こちらはシェル風? フェニックス
チェーンが長かったので短くしてみました。
原宿の古着屋さんで7000円くらいだったくじゃく刺しゅうドレス。かなりのかわいさ♥
あ――古着屋さん行きたい!!
おかいものに!!
地味な生活なんて似合わないでしょ!!! ©ピチカート
↑そうか?
2年くらい前に北一硝子で買ったベネチアガラスピアス。今年になってよく使う。
クリアプラスチックのバラネックレスは2連。
イスラエルのデザイナーさんなんだって! ヘビロテ中!!
すべてこのサンダルに合わせて(?)服を選ぶため、色や方向がかぶってきている(笑)。かるく失敗もしている。
「haco.」の中でも大スキ!!な「スロウ」のパフスリーブジャケット。
ついついたくさん注文してしまう。
これを着て打ち合わせに行ったらスロウチームの皆さまがいらした!! カンゲキ
二子玉で1000円だったレースキャミと昔のGAPデニム。
ドレスやレースにMBT!! 靴がボコーンと デカイバランスは、ドレス×ナイキのクラブ時代のスタイリングみたいでなつかしい～。リリー・アレンちゃんみたいに!
あとはコレ!
毎日こればかりはいている
MBTのサンダル!!
担当ちゃんがはいててフォーリンラブ♥
人マオちゃん
なんとなんとなんと!!!
姿勢が矯正されてゆくシューズなのです。はくだけで。
ゆら ゆら
しかしお値段3万円!! でも黒も欲しい～。

Cherry Coke 37
の SRI LANKA OUTA UNI
8月のおわりに家族でスリランカに行って来たよ!!
パンノミやジャックフルーツ、パパイヤやマンゴーなどがぼうぼうその辺に生えている、とっても豊かな国!!
紅茶と
宝石で有名な
SRI LANKA 島
光の
「国営」もみんな「LANKA」
しかし!!
家族オンリーですが、ツアーだったので
超苛酷!!!
ガタガタの道を
ハイエース
120km/hで爆走する車に1日5時間乗り、移動に次ぐ移動。酔っちゃ。
当然仕込まれた店以外、洋服屋などに行くヒマもなく…。
ポトッと大きな音をたてて突然おちてくるお花。名前はなんといったかな。
スリランカの女の子たちはみんなものすごく腰高で手脚が長〜い。頭も小さく目が顔の1/3の大きさ!! バランスがスゴイ。
姿勢がとってもキレイで、目が合うとはにかみながら笑うの。すごくカワイイ。見ならいたいね!
最近は短い髪もミニスカートもふえたようですが、まだまだみんな清楚でこんなかんじ。
パフスリーブのコットンロングドレスをみんな着てるの! カワイイ!!
これが欲しかったのに〜!! 店に行けず。
寺院に入るときは私たちもみんなハダシ。テロ対策でもあるそう。
りんごの木彫り入れものとか。
お花キャンドルとか
チェックの布とか
カワイイものいっぱい。
こんどは市場にドレス買いに行きたい。
むこうでお食事のときにこれと無印のパンツを合わせました。アリアワセ。
ごはんはとってもおいしい
お気に入りは
パパダム
豆の粉でできてるギョウザの皮のようなものを揚げるおつまみのようなかんじの食べものなのだが
くんくん
ナマの状態はくさい。
ソデとスソに金色の象がたくさん刺しゅうされたリボンつきのシルクオーガンジー。今年はやたら象にご縁アリ。
黒の巻きスカートもお花刺しゅうアップリケつき
服はこの2着くらいしか買えなかった!
またムートンブーツはこうかなーん。カワイイもん。
クリーニングに出し中なんだがおちるんだろーか。
MBTが赤土まみれになった!! 寺院で脱ぐぜ
ギョエー
3万の〈つ〉

Cherry Coke 38才
オオタウニ
新築物件の
できあがりを見ずに
借りるムボーな女。
それにともない
様々な不具合が…。
テレビ映らんとかな
引っこし
ましたッ
!!!
カルシファー?
突然
炎のごとく!!
なーんて1ケ月
だったため、
オシャレ??
なんじゃそれ!!
ってかんじの
日々。
でもなんとなく、
秋はやっぱり
着かざりたいし
アイラインですよ。
前髪つくりにゅこーっと。
こういう カツラっぽい
シルエットにしたいな。
いきなり寒く なり
ましたが
みなさま
お元気?
ニットキャップ。
今年はかぶろう。
これは
フリマのときに
もらった
某女優さんの私物
だったもの。カワイイ。
タイアップか!?って
くらい
「haco.」でしか
買ってないよ私。
でもかわいいもん。
「spica」の
キラキラスエット。
これは全色
欲しい
シルエット
NUSYの
サスペンダー
つき
デニムは、
サスペンダー
しないときの
シルエットや
色も
まったりしてて
超好み!!
スロウの
ドレス
トレンチも
サンダルも
買ってい
ます。
これは
「Optimystik」
ちゃんと
コラボレイトで
作らせていただけた
Tシャツという名のワンピース。
すごいカワイイよッ!!
¥6500とかするけど!
レアアイテム!!
(自分で言うよ)
*
ずっとずっと
欲しかった
「SAKURA
グラス」
買ったー
← 水がしたたって
桜の形の跡が
のこるの。ステキ。
突如 欲しくなった
ヴィトンの、
ダミエ アズールの
スピーディ。
載る頃には買ってそうだな。誰かくれないのかなー。
お手本?は
エイミー・ワインハウス
ですよ やはり。
この人どこまで
細くなるのか。
おクスリって
スゴイね!!
よく生きてん
なぁ…
Amy Winehouse
なんつー名字だ。
地方のキャバ嬢並に
「盛ってる」!!ヘアスタイル。
最強メイク。ラブ〜
別誌連載の「ワ」に
描く予定だったが
得てなかった(笑)。
また描こーっと。
もちろん音が
スキです。
タイツと
くつ下に
ガボッとした
サンダルの
くみ合わせが
スキ
だーーッ
!!!
スゲー金かかるよ
引っこし屋さんは!
自分らでできるんじゃない!?
まゆげ
ボーボー
でもノーメイク
ひやけ
筋肉
なにが
オシャレだ!!
黒光り
おかげさまで
20日後には
マジで
こんな状態!!
ダブルベッドを
階段で!!!
うでが
もげる〜
南
ニーペー
ママ サホ
アリガトー!!
20日かけて
仕事しながら
引っこしましたよ
自分たち
だけで!!!
けんちゃんも!!
という
ケンスケ
(久々登場)
の
ことばに
のっかり
ウム
古道具屋の
経験の
重み

全体的にまだ片づかないMっこし2ケ月め
ウーム
シャンデリアに!!
せっせ
クリスマスのかざりつけ中
CHERRY COKE
OUTA UNI
39
フェルトのコッコさん
担当ミキティにいただいたの!!
玄関でお出むかえ。
自分デザインのNUSYちゃんのinuシリーズ。
毎日着ている(笑)。
マリアさまというより灰(色)かぶりの赤ズキン。
このフードいいな〜。理想型〜。
春ものをもう作ってるんだけど、カワイイです!!
待っててネ♥♥
昨日、冬のinuカーディガンが届いたので、近々袖をとおすのたのしみ。
ベージュとうすグレイ。
右のかっこにこれもいいな。
やはりデニムはいいな。
しかしほんとにオール通販だよ(笑)。
でもお店で買ったものもあります!!!
ここんとこお気に入りなのは!!
無印良品の化粧水!!
でっかいボトルで980円くらい。すごいリーズナブル!!
ムフー
たっぷり使えて、高いブランド物よりむしろ良かったり。
友人たちにもオススメ中
いったいいつ最後にお洋服屋さんに入ったのか思い出せないくらい行ってない。
買いものはコレすべて通販!!!
今日もアマゾンでストーブ買った(笑)。
今年も活躍しそうなユニクロタートル
このピアスもかつてネットで入手したもの。
海外通販でNO試着購入のPAUL & JOE SISTERの半ソデニット。
半ソデにひかれたの!! 16800円くらいかな?
ここはむすぶ。
「デニム箱」作ってみて、あまりの量にブルーに。
でも買ったよ「NUSY」のサスペンダーつき。
そして「スロウ」のサンダル
宣言どおりあっという間に買いに走ったヴィトンちゃん。
これはちゃんとお店に入りました(笑)!!
オフ白ダミエは冬にぴったりのカラー。
昔のスピーディにくらべ、いろいろ変わって軽く使いやすくなってる!
歩きやすい!
ついに!!! ずーーっと作ってた「うにっき」が出ます!!
幻冬舎さまより!
「うにっき girls be ambitious」ヨロシク!!
うにっき
girls be ambitious!
クリスマス支度というわけではないが
イケアで買ったりんごキャンドル。4つで800円くらい。
リアル!! 火をつけるのもったいない。
ついつい買っちゃうライトたち→
なんとダイヤモンド型! 4000円くらい。
カワイイ〜♥♥
B-companyでやはりついつい買った、バラのスタンド
5000円くらいで、クリアのバラがついてるの。
数量限定ってかいてあった! オレンジ花ver.は友人が買った!
……
同じく小鳥のキャンドルホルダー。
注文までしたがまだ取りに行けてない!! うっとりなの一。
あと、これで求めてた形!!のタオルかけ。
70〜80cmの高さ。
マットかけにぴったり。
ほんとにこのお店大スキ!!

ヤギ
1時間つけたら
1時間完全に切るの。
それをくり返すと
電気代が全然
ちがうって！
イタリア帰り
イタリア人の
みんなに
教わったよ
←めちゃくちゃシチリア（南！）なんだが、信じていいのか。
初めての
冬をむかえる
新居が
とてもサムイ!!
そこで
デロンギの使い方
教わりました。
部屋で厚着はイヤ。
部屋が
寒くて
凍りそう
です
こんにちは!!
オオタウニ
40
サムイ!!!
CHERRY COKE・Y
アマゾンで、
机の下用
ヒーターも。
Electrolux
とかいうやつ。
2秒で
あたたか。
子供の頃は、
朝になると
ゆたんぽの
中のお湯で
顔を洗い
ました。昭和
ゆたんぽのお洋服も
余り布で
こしらえてみたり。
無印で
ゆたんぽ
買ったので
夜が
たのしみ
なのー。
日々防寒のことばかり
考えております!!
昔ママがアメリカで買ったという
金スパングルドレスをこの間発見!!
「スカート部分のメタリック加工がハゲててダメなのよー」と言われたが、私は着る!!
フェリシモちゃんで
3連
淡水パール
いろいろ
買っちゃった
でもやっぱり
この季節ったら
ドレスですよ
ねッ。
ギャル店で
買った→
1000円くらいの
ピアス。大好！
これであなたも
リリー・アレンちゃん
コスプレ
I Love You
この季節→
オンリーの
華やかスカーは、
やはり
パーティに似合う！
2cmくらい
原宿
ギャル店で
2800円くらい？
けっこう高級だなーと
思ったラインストーンピアス。
大活躍なので買ってよかった！
OKIDOKIで出逢った
バラ刺しゅうドレス
なんだかすごいベルスリーヴ
なんですが、冬は中に
ロンTやタートルを着ます。
↑ラフォーレ内の
サンタモニカで
700円以上もしたヒョウ柄
バレッタ。この大量の髪が
イッパツでとまるスグレモノ!!
フランス製。うおー!!ビバフランス！
←ものっすごい
役立ちアイテムに
自分でもびっくりだよ
「inu」の
カーディガン!!!
天才か
最近ずっと
この
スタイル
←上の束すこし
とって
ひねる。
下は
バレッタで
バチーン！
なんと毎日はいてた
紺ブーツが引っ越しを
機に紛失中。
ヒジョーに困っている。
どこ行ったの怒!!
18歳のとき、
サンフランシスコ？かどっかで
買って、大切に
大切に
はいてるバラくつ下。
「SOX TROT」
のものです。
1800円
も
するんだ。
クツ下!!
50足
くらい
ほしい。
なのでずっと、茶リングブーツ。
これも前にOKIDOKIで
1万ちょっとくらいで買ったの
だが、「FRYE」というアメリカン
ブランドのブーツにうりふたつ!!
3万以上するやつ。ラッキ
「リンジー・ローハンも愛用」だって！
プロアクティブかよ!!
同じ
ものを
フェリシモ
カモイさんに
教えてもらって
買いに
ゆく！
う～かわいい
やっぱり
ハイカット
スニーカーですよ！クラブも
ゆけるし。

# of Cherry Coke

Vol.31

ガーリーネックレス

マカロンは、担当ミキティにお誕生日でいただいたもの♡　ぽんぽんは別誌担当ちゃんの手作りです。一緒につけるとかわいいので、「コラボ」って呼んでる。

いただきものリング

こちらはサイン会に来てくださった読者サマからいただいたもの。素敵なの!　よくつけてます。ありがとー♥
猫は沖縄で購入。

おきなワンピ

ブルーの方は、すんごく薄い生地でこの色、明らかに汗染み誘発感満載!　ゆえに、一度も着ておりません。ブロードプリントは良いなあ。

ワンストラップは永遠の友だち!

ミウミウのぺたんこシューズ。買ってすぐ、生協のカートを引っ張ってて自分で蝶いた。メタリックな靴って、なんでこんなにかわいいんだろ!

パリス・ヒールトン!

これも沖縄で買ったヒールパンプスネックレス。沖縄なのにあまりに秋色なアイテム。

Special Selection

Vol.34

フルーツモチーフ

右ふたつはケネス・J・レーンの。左のクリスタルチェリーは、すべてのアクセサリーの中でいちばん愛してるかも！ お誕生日のいただきものです。

ストライプワンピース

妹が選んだ一着。セールから帰宅して試着したら似合わなかったのでトレード。姉妹はこれができるからいい！

刺繍オーガンジーブラウス

伊勢丹のセールで、元値が5万超!!! ベビーピンクにシルクオーガンジー、くるみボタンにスパングル刺繍。そりゃ5万だわ。

手作りピアス

時々友だちの家に集まって、みんなで黙々とアクセサリー作りに励む。手持ちのビーズをつけるだけで華やかになるよ。

スターは荷が重い

海外通販で注文。届いたら、想像を絶するでかさだった！ でもおもしろくてたまに使う。

グリーンクロコバッグ

フェイクのようだがクロコです。パッキリしたグリーンはコーディネイトの差し色にぴったり☆

チェリーハンチングと紙トランク

シチリア島パレルモにて購入のハンチングは、いつも時期を逸してかぶれぬ。ちいさなトランクは大中小といただきました☆

ふしぎなデニム

アシンメトリーのものって苦手なんだけど、これははきやすいです。haco.のリスクロースのもの。

# of Cherry Coke

レースキャミソール

ヨーロッパ的アンティークな雰囲気が好きなので、こういうキャミソールは抗えないアイテム。ちょこっとずつ違うものを何枚も持っています。

ストライプジャケット

haco.の憧れブランド「スロウ」の上着。なんでこんなの思いつくんだろ!って、毎回うなります。うう〜。

Vol.36

GAPのデニム

同型で濃い色のもある。セールで1200円だった! 適度に短くワイドシルエットなので、らくらく。

孔雀ドレス

孔雀モチーフは好きなもののひとつ。なぜか股部分に孔雀が来てしまい、セクシィなことになりがちな恐ろしい服。

薔薇ネックレス

イスラエルのデザイナーさんが作っているプラスチックのアクセサリー。これは2コセット。透明が好きなので、夏はよく使います。

M!B!T!

この靴に出逢って、絶対人生変わった。というくらい、ぐんぐん歩けて楽しい。結局黒サンダルも買いました。

ブルーピアス

北海道やらクレアーズやらで購入。シェルピアスは好きで、見かけると色々買っちゃう。

Special Selection

Vol.40

ママのスパングル☆ドレス

スカート部分がもっとメタリックだったらしいのだが、洗濯（フツーにしたのか!?）して褪せたらしい。でも私は気にしなーい！ 外国で買ったんでしょうね。

3連パールたち

ほぼ未使用だけど、持っていたい3連パール。これらは安価な淡水なんだけど、いつかジャクリーン・ケネディの3連ネックレスの長さをオーダーしたいな。

花刺繍ドレス

OKIDOKIで購入。夏に1枚で着たり、冬にタートルと着たり。この色はオールシーズンOK☆

SOX TROTの靴下

高校生の頃から大好き!!なブランド。日本でもバシバシ展開してくれれば良いのに〜。いつかアメリカのオンリーショップに行ってみたい。

レタードとラインストーン

なんと両方R&B系のギャルショップで購入。音楽と密接しているショップは安値でぐっとくるものが多い! ドレスに合わせて、リリー・アレンちゃんみたいに。

「inu」カーディガン

ミックスする毛糸4種類から選んで作ったカーディガン。なかなか好評でした。私も好きです。

フレンチ
リボンバレッタ

小学生時代からの女子アイテム、バレッタ! 私の多い髪がこれ1本で留まるスグレモノ。このサイズの留め具を日本でも製造して!

2008

Fashon topics

- ・ロンTブーム　Tシャツ熱
- ・ワンピブーム継続
- ・ミニ丈浸透
- ・スポーツミックススタイル再熱
- ・ボヘミアン　花柄　80's人気
- ・カラフルデカサングラス大流行
- ・映画SATCの影響
- ・ボーホー（ボヘミアン＋SOHO）東欧風スタイル流行
- ・D＆Gのチェック旋風
- ・H＆M上陸

巻き髪に凝ってコテを買った。春頃はワンピースに合わせて熱心に巻いていました。
ストレッチやダンベルをやるようになったため、髪の毛を結んで顔が出せる程度にはなった（低レベル）。格闘技大好きっこに、「あと半年で試合出られそう。いい具合に仕上がってきた」とお墨付きをもらう始末で、いったいどこへ向かっているのか自分でも意味不明です。

夏に行った北海道で出逢ったお洋服たちは、2008年の最強ラインナップ！　とくにペールブルーのライダースは、「これに逢うために今年はあった」とすら思う一着。今年の流行、ボヘミアン的な、ゆるくてふわっとしたやさしいスタイルと明らかに相反するライダース。久しぶりにヴィヴィアンを引っ張り出したり。なんだか、強い方強い方へと……。やはりどこへ向かうのか、ナゾ。

植物や金魚を育てて愉しんでいる日々。2008年は、なんだかんだでワンピースをよく着ました。そしてGAPのTシャツはやっぱりいいなーというところに落ち着いています。

Cherry Coke 41
OUTA UNI
金魚がウチにやって来た!!
YA! YA! YA!!
引っ越し祝い?で友人ケンスケに買ってもらう。
こんな髪でもヒゲでもないが…
ブクブクや水草も一
キャリコ
種類
飼って一週間で、同じくらいの大きさだった2匹に個体差が…。
おすし
巨大になりつつある。
↑見た目から名づけた。
ガラス鉢は昔1500円で購入。
カゼひき小5スタイル!!
と、書いてるうちに弱ってきた…。
さようならキャリコたん…。
キャリコの方がやる気がなく、気を抜くと浮いていてコワイ。
でも元気そうなんだが…。
しかし…
ギャッ
おすしは→元気いっぱいごはん食べすぎ
冬はじっとしてると書いてあるが。
毎日1/3ずつ水替えしたりしています。
たのしいお世話
毎日ゆたんぽと金魚に夢中
髪の毛まっすぐにしたよー。もうすこし毛先丸まりたい。
タートルとベストの組み合わせったらある意味最強!!
子供からおじいさんまで。
このベスト、超昔、男子が全員Tシャツ ON ベストだった頃(95年とか?)に無印で購入したものに、最近赤糸でさくらんぼ刺しゅうしました。
この間、自由ヶ丘のローラ・アシュレイで買ったさくらんぼのホーローポット。2900円。なんと、「かざり用なので水を入れるとサビたりもれたりします」とのこと。
ズルズルしたシルエットのデニムにスニーカー。
このバランス…
太って見せてるのッ
今冬はとても寒いので、コートなどが大活躍。やっぱり冬はキンキンに冷えるべきだな。
なつかしいショートコートを着る。
ジッパーちゃんの忘年会に着て行った、10年くらい前に買ったショートコートは、なんと西ドイツ製!! もうその国ないよ!
これは代官山のスクリーミングミミで。もうその店もないよ!
大スキだったあのお店…。
ハデハデなチェックなので、下は黒いワンピースなどでストンとします。
ショートコートはバランスがおもしろいなー。
Bカンパニーで1800円くらいのラインストーンリボンシリーズ。ゆびわも買ったよ。
リボングッズがとても好き。
これはミニーちゃんのリボン。
ディズニー小物で1200円。よくつけてます。
只今絶讃キティちゃんになりたいキャンペーン中!!
スイマーで買ったリボンピン。
カワイイなあ…
つけたその日に落として割れた…
シャンデリア アクリルペンダント。9000円ちかくしたのに!! でもくっつけてなおしたけど!! すごいショック。
原寸大。もっとカワイイです…。

Special Selection of Cherry Coke

西ドイツの遺産

今はなき代官山の古着屋で、今はなき国のコートを買った。たぶんデッドストックで、でもそんなに高くなかったと思う。今でも大好きな一着。

さくらんぼ刺繍ベスト

みんながTシャツにベストを合わせてた頃、無印で買ったものにさくらんぼを刺繍した。無地ニットには刺繍でポイントを☆

Vol.41

ハロー☆キティとミニー☆マウス

キティちゃんぽいピンを集めていました。いちばん右は、ディズニーの。ミニーマウスのおりぼん型だよ。

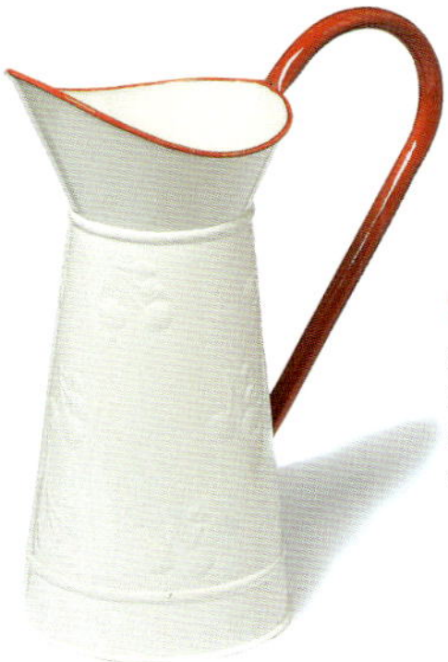

シャンデリアペンダント

どこが割れたかわからないであろう。ふふふふ。今もつけてるとひやひやする。でもかわいい。もっと欲しい。

ぶかぶかデニム

お気づきだろうが、入らないのでスリムなデニムは持ってません！入らないのでな！ずるずる引きずるような子供デニムが好きなの！(←負けおしみ)

チェリー水差し

ちょっとわかりにくいかもだけど、チェリー模様がエンボス状に入っています。水は入れず、紫陽花のドライフラワーを挿してます。

頬かくし？？
秋口からずっと狙っていたリアルファーポンポン帽がセールになったので注文（ネット）。
元値85,000円という、ヤバすぎる価格!!
これから春だというのに。しかも届いてないからまだ実物見てない!!
髪にかくれてこんなに太ってることに気づかなかったよ。いつのまにか…。
危険！
この髪型…
じーっ
パパブブレのアメとか
ガトーフェスタハラダのラスクとか
黒糖ドーナツとか
形も色もちょーカワイイ。そしておいしい。
いましめの顔出し
だって…
おいしいものをくれるんだもの
みんなが
お会いする担当さんや友人たちが、セールの戦利品を私に見せつけやがり。
本気でうらやましい。
なにそれ超カワイイ
そのほかにトリガラを煮てスープをとったりいろいろ
さらにいましめ
ニャー
ネコのなべつかみ
甘いものファンというわけじゃないのにこれほどまでにおいしいと感じるのは
脳がつかれているからかね？
だがよ、
いつも家にいるから、洋服ふえても着てくとこがないんだもーん。
ゆたんぽのお湯を加湿器に入れる日々はつづく。
ドボボボボ
毎日おしゃれして出かけるのがいいなー。太らないし。
バイトとかしたいなー 小さい店の。
いつもパジャマ
オホホ
こちらもラグジュアリー！友人ミオのママが作ってくださった、リアルムートンのフカフカバッグ♡ ミオママはなんでも作れるすごい技の持ち主!!
ZARAで狙ってたらセールになった♡ので購入のドレス。ラインストーンがびっしり。ニットにひっかかるが。
7年くらい前？スパッツが市場に出はじめたくらいのころの厚さのやつがほしいのに売ってなーい。今のはみんなうすいのよね。
Cherry Coke 42
outa uni
デニムドレスも作ったよー♡ 春風にぴったりの色と形なの。
haco.のNUSYちゃんとのおなじみコラボ「inu」で作ったのは、スパンコールびっしりのバレエシューズ!!
4色ある中の、今回は黒をチョイス。丸っこくてはきやすくしました！
妹の結婚式用ネイルは本物の押し花をジェルに。
ヒロエちゃんアリガトー！
水中花みたい。色あせてくるのもレトロ。
リボンのキラキラバレッタは
もりりんが買ってくれた！引っ越し祝いに。
パルコ内のお店で、人生でいちばん高いカチューシャを買った!! なんと4000円!!! くらい。色といい形といい、すごいのよ。
あー おしゃれしたい。

うわ!! なんか来た!!
フワ フワ フワ
お待ちしていると…
屋台のところにいてくれればおむかえにあがりますよー♡
ミキティまき髪
Zipper編集部の立地の夢
ココ
ガケ
山 山 山
広場
無人駅
屋台
今日の夢
Zipper編集部にうちあわせをしにゆく私。
↑ふだんはイテキません。
Cherry Coke 43 Outa uni
春はワンピースの季節なのだわ。
アクセサリーも、お花やリボンなどのガーリーなものに傾く。
さらば黒!! キャンディカラー気分♡
首のうしろに春風がとおりすぎるのを味わう季節!! だからアップスタイルが多くなったりするのかな。
窓を開けるとお花の匂いがするねえ。
まきがみ
あー うにさん。それはウーリーですよ!
ウーリー…
しっかしものすごいなついてますね〜
このフシギな生き物は…
スリ スリ フワ フワ
いい匂〜い。
え〜 ほしい〜♡ やわらか〜い。
ゴロ ゴロ スリ
この子たちノラで、ずっとここにいるから持ってっちゃっていいですよ!
まき
ほんとにこんなになつくのめずらしいですー
くちばしも足も全部フワフワ〜♡
色もこんなかんじで、トリ?なのかしら。とにかくかわいかったです。
ストレートは春服っぽくないがパーマはビミョーなので
けっこう時間かかるけど、たのしい。
巻きます!!!
イオンアイロン 2500円
このカールはパーマでは出しにくいので!!
子供時代から
砂糖菓子的なものがスキ♡
金沢や京の和菓子にこういうまっ白の砂糖にかわいい色づけしたのあるよね。ああいうのがとてつもなく好きです!!
大好きな原宿の古着屋さん「neema」で買ったワンピース。
きちんとしたお値段だけど、吟味されたセレクトの棚は見ているだけでうっとりするよ。
古き良き、昔の代官山みたいなお店だなーと思います。
このワンピース、胸元が重ねた平打ちパスタみたいなの。ほんとにカワイイ。1万3千でした。
ありしゅうぺたんこぐつ 5000円くらい
パープルと迷った。
「パラビオン」で久々にお買いもの。もう古着は扱っていないんだって。昔は青山の奥の方〜にあったんだよー。なつかしい。
ラインストーンキラキラのプラスチックフラワーたち。
おひなさまみたい。
ピアス
ネックレス
ふたつで5000円くらい。
こちらもパラビオン。

※つまり、前の子たちは2匹とも…。
群馬の特産品を扱う「道の駅」的なお店で、野菜などと一緒に売られているらしい。
ヒッ
ものすごくあばれるので
水替えのときコワイ。
ビチ
ビチ
だから動きも野性的
あたらしい金魚ちゃんが来ました。
けんすけアリガトー!
CHERRY COKE 44
おおたうに
昔のお洋服ひっぱり出しコーディネイト。
こうやって使えるためすてられない。
ビーズだけ買って作ったピアス→プレゼントにも♥
なぜかこのネックレスしか似合わない。
むかーしロンドンで買ってもらったヴィヴィアンのくまちゃん。動くよ。ラインストーンだよ。
引っ越してからの半年で5〜6kg太った!! ため
服がまったく似合いません!!
全体に1〜2cmずつ大きくなってるので気づかれない。
むちーん!!
パッツーン!!
しかし写真に写った全体像を見て目眩が…。正直だな…
←10代のころ、パパがアメリカ土産で買ってきてくれたコットンニットワンピース?? ビミョーな丈と落ち感のため、着方がわからず15年。
ついに理想の着こなしができた!!
↑萌えソデ。
只今プラスチック花アクセサリーあつめ中!!
というわけでもないのだがなぜか集まる。
↑プラ花ロングネックレス。原宿で3000円台でした。
↑NUSYちゃんと作った「inu」の重ね着スカート。
1年くらい寝かせて今ようやく!! 初めて着たけど使えるよコレ!!(笑)
スロウよhaco.のサンダル。軽くて歩きやすい!のに大サイズすぎてガコガコする…。しまった。
めずらしくヨコ分けに。夏にむけて、むすべるようにのばし中。女頭にするぞ。
お正月くらいにパルコ内のお店でセール?だったやわらかデニム調刺しゅうベスト。フカフカしてカワイイ。裏地もドット刺しゅうなどほどこされていて、良いです♥
ワンピースは超!!昔のコム・デ・ギャルソン。なんと1万円のドレス。初めて自分のお金で古着じゃないギャルソンを買った瞬間でした✦✦
一枚布を服の形にしたようなかんじ。
これは花じゃないけど蛍光ピンクのビーズが12連に。カワイイ♥
大学のとき文化祭のフリマで10円だった。
こちらはなんと!Diorのデッドストック。ごっそりバラのついた3連。
B.Dプレにもらった〜♥

Special Selection of Cherry Coke

Vol.44

デニムベストとギャルソンワンピ

デニムのキルティングベストは、お正月セールのときにパルコで買ったよ。裏地もちいさな刺繍が入ってて、ラブリーなの。ベストに合わせた白いワンピースが例のヤツ。

アンティーク花バッグ

これたしか、古着も扱ってた109のギャル店で買ったはず。しかもとっても安かった。お気に入りです。

ヴィヴィアンくま

む･かーし、家族でイギリス旅行したときに買ってもらったうちのひとつ。このくまちゃんは、どっちかの手がうまく上がらない。

アメリカンコットンニット

肩がズルッと落ちそうな、「フラッシュダンス」的シルエットのニット。女性らしくて好きです。

涙形ピアス

これは「手作り会」で色々作ったうちのひとつ。赤ビーズバージョンなどもあり、友だちへのプレゼントにしました。

フェルト玉ネックレス

原宿のエスニック店で、旅行前に購入。カラフル☆「フェルト玉作ると指紋が消えそうで大変」なんだって。

inu 2枚重ねスカート

これは下のスカートを上にはいた場合。丈の長いニットやスエットワンピから覗かせたりするのが良いの♡

プラスチックネックレスたち

独特の美しさやポップさのプラスチック大スキ!! こんな色、他の素材じゃ絶対出ないもん。

Cherry Coke vol.45 Outa uni
沖縄に行って来たよーー!!
ヨコ分け
うっすら寒いときに重宝する巻きものは今年のカオ。他誌担当さんにいただいたお気に入り。
こういうヘアスタイルが似合う女の子に憧れるー。丸顔すぎて似合わぬ私。4ッ。
ママの部屋にあったエスニックピアス。
前も描いたかな?「パリスヒルトンも持っている!」トリネックレス。saleで1500円ほど。
neemaで1万円弱のハト刺しゅうチュニック。やや大きいが、しっかりした布地でとてもカワイイ。刺しゅう大スキ♥
風を感じるエスニック
喜屋武岬で突風を浴びて超ゴキゲン★
南のハテ
ゴッ
わたしー風がスキーー!!!
だがそのまま北にむかうとお友だちに
英国の色つきのエッセンス(本場モノ)
ギャーー!! 南からなにに連れて来たのッ!
ピリピリするー
おはらいされました。
南から来る人大体みんな連れてくるんですよ!!
暑くなってくるとやはり風とおしの良いスタイルにひかれます。
↑沖縄の宜野湾にある「nico」というかばん屋さんで購入。たくさんの布の中から好きなものを選んでオーダーメイドもしてくれるんだって♥ 私もオーダーしたいーー!!!
nico@lemon.plala.or.jp
ななめがけもできるしとっても使いやすいです。
担当ミキティにいただいた巻きものは、目のさめるようなグリーン。
水晶重ねづけにこっています。
チベット?かどこかのお坊さんが使う天珠をミニチュアにしたもの。大きいのも持ってるよ。
1800円
1200円 ピラミッドパワーー!
200円 小さい水晶玉
ミラーの小物置き 2000円くらい
アンティークびん 1000円
すごいイカしたアンティーク屋さんに行った!! また行きたーい。
買わないで今後悔してるゴールドロケット。
宜野湾は小さなお店の品ぞろえがしっかりしてて、大スキ!!
10年前以来の流行! バングル重ねづけ。
レオマワールド(レジャーはレオにマカセロ)へのオマージュ。アデューレオマ…。
量ならオレにまかせろ!!
Dept.で買った刺しゅうチュニック。白×白刺しゅうはめずらしい。カワイイなーん♥
チェリーものは当然集めているのだが、妙にデフォルメされてたりしてなかなかコレ!!がないのだが、これはまさにコレ!!でした。
ナノ・ユニバースのチェリーネックレス4色買っちゃった♥ たまらぬ形。
さいしょはクリアだけのつもりが

Special Selection of Cherry Coke

水晶いろいろ

長さの違うチェーンで、何個も重ねづけ。その日の私はきっと、パワー倍増だ!

ホワイトチュニック

色々歩き回った日、閉店寸前に出逢った1枚! 刺繍モノいっぱい持ってるけど、白×白でこんなにきれいなの初めて。黒いマキシスカートにも合わせます。

Vol.45

鳩よ!

これも大ヒット☆な一着。ちょっとサイズが大きいところが玉に瑕だけど、マルチカラーのストライプワンピースに重ねたりしています。

沖縄バッグ

いろんな生地をかわいくパッチワークしているバッグ。いっぱい入って使いやすいよ。今度行ったときも覗きたいお店のひとつ!

チェリー大人買い!

これを買った日は、「絶対私はさくらんぼに愛されている!」と思った。最初はクリアだけを買うつもりだったのに、全色待っててくれるなんて!

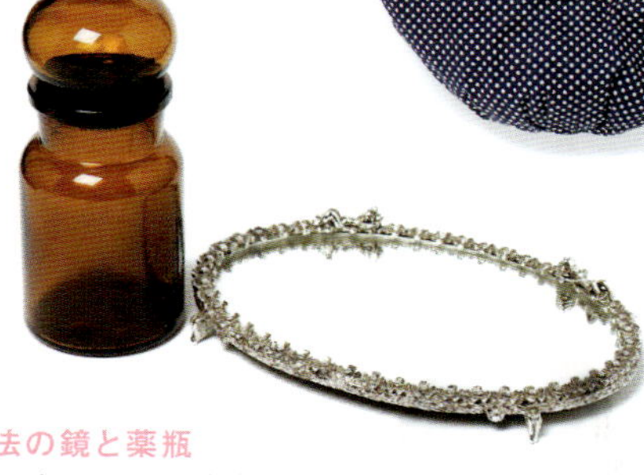

魔法の鏡と薬瓶

このお店のために!また沖縄に行きたい。両方とも1000円くらいだったのよ。どこでもドアがあったらなー。

巻きものイロイロ

お土産でいただいたり、雑貨屋さんで買ったり。安価で存在感が強くあたたかいので大スキ♥髪にも巻くよ。

Beauty

日常的にメイクをするようになったのは、大学を出てからである。会社勤めをしたとかではなく、毎日の服とのコーディネイトが楽しくなったから。それまでは、夏に日焼け止めとしてファンデーションを塗ったり、透明マスカラで睫毛と眉毛をちょびっと整える程度。肌だけは丈夫でこれといったトラブルがなかったので、すくないお小遣いのすべては必然的に洋服につぎ込まれていた。

本格的な肌荒れに見舞われたのは、それからかなり後、20代も終わりにさしかかった頃であった。荒れ始めてから完全にフラットな状態に戻るまで、実に5年の歳月を要した。いちばんひどかったのは29～30歳くらいかな。皮膚科に通って、その薬で体調を崩したり、これがまさに負のスパイラルか！と膝を打つ日々。

あの当時はすべてが過剰だったんだなあと思う。夜寝ない毎日を送るうちに、すこしずつ味覚が曖昧になって、濃い味や脂質過多じゃないとおいしさを感じなくなる。胃がやられて肌に出て、それを薬で抑えようとする。それを繰り返す、まさに悪循環であった。

肌で悩んでいる方の大半は、どこかで蛇口をひねりすぎているそうだ。引き算ができなくて足すことばかりを繰り返し、もう治らないかもしれないと悲嘆に暮れストレスが増す。

あるとき、皮膚科通いと、漢方ですら薬を止め、水（水分ではなく！）と、内臓を温める食物などを意識的に多く摂るようにしただけで、ぐんぐん肌が蘇った。色々足してたときは、あんなに変わらなかったのに！

今、会うひとに年齢を言うと、大概肌を褒めてもらえる。あの頃の私が聞いたら、そのひとに抱きついてしまうだろうきっと！

しょっちゅう明け方まで起きているし、お酒も美味しいものも我慢しない。生活のほとんどは変わらないのに、実に健康的だ。そういえば昔はよく、「お仕事大変ですね」って言われてた気がする。きっと見るからに大変な状態だったんだろうな。

外側からそう見えるということは、内側はその数倍大変なことになっている。それを意識して、自分にていねいになること、ただそれだけでからだは快復する。

メイクって、美しいラッピングやお洋服とおんなじ。それを着こなすためには、まず基本のからだづくりをしなくては。

美しいお肌に必要なのは、自分自身の意識だけ。ていねいに、ていねいに。貝が真珠をつくるように、ゆっくりとやさしく、白い輝きを育みたい。

それはきっと、女性が一生をかけてたいせつにするべき時間なのだと思う。

ヴェレダ クレンジングミルク

夏は睫毛だけオイル、あとは石鹸洗顔ですが、しっとりが欲しくなったらメイク落としはこれ一本。らくちんで良い匂い♡

ヴェレダ ミルクローション

夜寝る前はチューブに入った保湿クリームを使いますが、昼間のメイク前とかはコレ! 今はローズ。

アルソア 石けん

学生のときにママが見つけてきた黒いミネラル石鹸。いろいろ試したけど、つっぱらずしっかり落ちるこの石鹸に戻ります。

ほんとにこれ以上とくに使うものがない。ファンデーションの鉄っぽい匂いが苦手なので、リキッドもアルソアのものを使っています。バシャバシャ落ちてスッキリ☆「塗る」より「落とす」方に重点を置いてます。

オロナイン

もう書くものがなかったので……。カサカサしたり、なにかあると試しに塗ってみる。

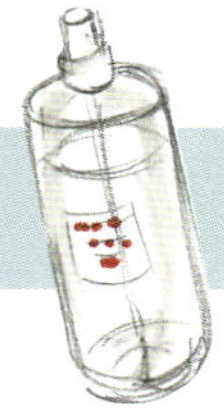

無印良品 化粧水

何本もリピートしている化粧水。なぜなら安くてたくさん使えるから! 大きなボトルにアトマイザーをつけ、冷蔵庫から取り出してブシュブシュやってます。

まずはうにさんのスキンケア…知りたいナ♪
何を使っているのかな?

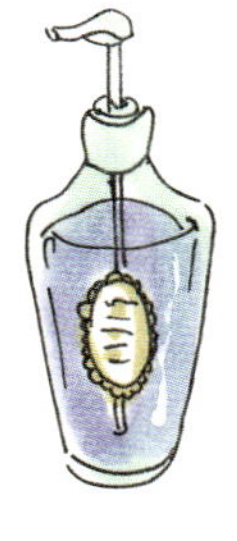

次からはうにさんの愛する歴代セレブから
Zipperまでのヘア&メイク!

Marilyn Monroe
計算されつくしたメイクと表情。すんごいプロデュース!!なので、
このメイク、イラスト化するのもむずかしい。何度描いても全く似てない。画力のせいだろうが。
まー すごいパワーの女性たちがいっぱい!! メイクもパワフルです。
アイライン命!!
丸い鼻やふっくらとしたボディをとことん美しく見せる角度やしぐさを学ぼう!
この肩を内側に入れるポーズ!!
男性的な強さを持つカラス先生はキリッとした眉、コンパクトにまとめたヘアにアイラインにリップは赤!!
こういう顔立ちはゴツくなりがちなので、リップ以外色を多用せず、ぱっちりヘアやラインで女性を演出しているのがすごいです。
Maria Callas
いちばんって女な方…
天敵。目がはなれて気の強そうな2人。
Catherine Deneuve
正統的美人!!てこういう顔なんだろーなー。うすいメイクなのにすでに完成されている!!ともすれば男性的で老けがちに見られるので、ガーリーな色づかいでポップにしてる若い頃。
Jacqueline Kennedy Onassis
カオ自体は好みじゃないが、アメリカントラッドなスタイルがステキ♡
政治家の妻時代は女っぽくも金持ちすぎにも見えないように工夫してた。

Brigitte Bardot
Anna Karina
Jane Birkin
濃い茶色のアンナヘアー。日本人でもB.Bほどむずかしくなくマネできそう。やわらかさがちがうんだが…。
トップにボリュームをもたせるのは共通♡
けっこう三白眼的表情の多い2人。
とにかくアイラインとマツゲ!!!
リップはヌードカラーなどが多いです。
ブロンドでフワンフワンだからかわいいワタガシヘアー。
あ——かわいいのう。
実は口角下がりぎみ、ほうれい線クッキリのアンナたん。
すんなりしたプロポーションは神!!の域。
60sはスキだがヒッピー的なのはキライ～。
この間久々にB.Bの写真集買った! 60年代に入り、マユ毛を失うまでのB.Bが満載でほんとにカワイイ。ものっすごいお嬢さんだったB.B。生まれついてキレイな人って、ほんとに自然にキレイなんだなー。
男子っぽい女子はあんまり…なのでスレンダーでボーイッシュな、この方を描くことはないのですが、若～いときのロングヘアーにシンプルなワンピース&ブーツのスタイルはとてもステキ♡ そして今もステキな女性。
日本人はストレートロング=まっすぐ!にこだわるけど、バサバサッとしたのもステキです。表情が出るもんね。

Rachel Bilson
へんな絵だが→
こういうかんじのサングラスがすごいカワイイ
「the OC」のサマーことレイチェル・ビルソンは、小柄できゃしゃで日本人の女の子みたい。かなりのオシャレさんなので、いちばん参考になりそう。
メイクはしてるのか?なかんじのナチュラル系。ラインとマスカラってかんじ。
このワンストラップ すっごいかわいいの!! どこのだろうねー。
パツパツボディのギャル時代から大!!スキ!!だったニコール。→
カオもスキ
Nicole Richie
この人は服に愛されるよなー。
色づかいや、アクセサリーも上手。
メイクは、タレ目を強調するようなアイライン。
お直し前、デビューのころから大スキな アシュリーちゃん。
Ashlee Simpson
もともとの金髪を黒に染めていた時代と、妊娠中の赤毛の→ときがすんごいカワイイ。
ほぼノーメイクでもお肌がキレイ。
でも妊婦さんのヘアダイは頭皮ダメそうだな。
Paris Hilton
近頃めっきり男らしくなってきてるような気がしてならぬパリスたん。
シャドー&ハイライト バキバキのメイクは、オカマショウのきらびやかさ。
なんだろね、年とったの?
←こういうガーリーに、すこし戻ってほしい!!
服に合わせて完ぺき!!にスタイリング。すごいよ!!

なんとなーく
「A型の女の子」って
感じの
ローレン。
目元に
力を入れた
メイクです。
マユは
ブラウン。
ほんとは
髪も
なのかな？
こういう
チェックシャツも
女らしく
胸元を
ハデに
あけてるのが
カワイイ。
いつもしてる
サンゴ
ネックレス。
バッグは
シャネルや
バレンシアガ。
Lauren Conrad
「ラグナビーチ」時代から
ローレンが
モジョーに
スキです!!
きっともう
次の
チェリーが
出る頃には
放送も
終わってるん
だろうなあ…。
どんな
30代に
なるんだろ。
The Hills
Audrina Patridge
三白眼めで
フシギな
うすいくちびるの
オードリーナは
リスみたい。
ヌードになったり
イロイロだが、
日本人ぽい
性質。
いちばん
日本の
ギャルっ
ぽいスタイル
かな。
Whitney Port
もっともモード！な
ホイットニー。
天使みたいな
ヴィジュアルに
175cmの
長身。
自分の身の
おき方など、
しっかり
している。
まっ白な
肌が
すごくキレイ
なので
どんなメイクも上品。
にてない!!
LO Bosworth
ハイディはお直しが
キツイので LOに
しました。「ラグナ〜」の
ころから かなり
イイキャラ。
まっ青な目を生かすヘアメイク多し。
サイドが前髪を
みつあみにしたり
カチューシャもカワイイ。

Zipperちゃんとワタシ
初期ジッパーに躍っていた殺文句
それは
おしゃれびと!!
「男子グループ内の女子」ってかんじ。
まりおちゃんとかが表紙。
ひとの「び」がイヤ
正直このことば苦手だった!!
あの頃のジッパーちゃんたちは強い色の服に
パッツン前髪
←ねじったりむすんだり。
←ものすごいカクッとしたみじかめマユ。色はダークめ。
シルバーピアスいっぱい。
ラインを効かせたナチュラルメイク。
パンクやメロコアがスキ。ボーイッシュ。
「ヴィヴィ子」と呼んでいたという→ヴィヴィアン大スキっ娘。たちも、基本的にメイクは変わらず、赤いリップにお人形系ヘアスタイル、マットな白肌とぴっちり前髪づくりにはげんでいた。
←やや外国人願望なのでカラコンはヘーゼル。
カラコン使用といえば「デコラちゃん」。原宿のファミマとかにもいたよね?
「VOLUME」でゴムやらヒモやらエクステやらを盛ったすごいヘアー。
ピアスはG数上げて耳穴太くして、サイバー服にレース古着とか。
メイク自体はつくりこみ少なくすっきりしている。上部アイラインだけ太～く引くの。
クラブにゆくと、よくこの一派を見かけました。→
ハウスイベントね。今はみんなどんなかっこしてなにしてんのかな。大人なんだろーなー。
あのころはクラブにフェイクファーのマキシとかはいてってた。チャレンジャーだよなー

私も10代から マユブリーチして ますが…
大かぶれ
髪の毛用のでやってて、いつも大変痛かったです。
やってみたいが絶対似合わないセシルカットのハイブリーチ。細くて少ない髪質とスレンダー女子に許された領域…。チッ。
マユとかもうすーーい。
メイクもノーカラー。
こういう子がフリルとかレースとかクラシカルなかっこしてるとキャー♥ ミア・ファローみたい。
女子はみんな大スキだが、男子にはわりと不評な厚めバングス。
男子はセンターパーツがスキと思う。
黒でもハイトーンカラーでもふくらんでもカワイイ。
ちょっとのカットで印象がまったくちがう。
アレンジもしやすい便利ヘアー。
YUKIちゃんアコガレ♥
マユが見えないのでマスカラやラインで目をでっかくインパクト強め。
長いとすごい。うしろから見るとなんかとにかくすごい。
スーパーストレートなお人形ヘアーにあこがれたあのころ…。
こういうおだんご大スキー♥♥ 毛糸玉みたいに巨大なやつ。
服はボヘミアン的なズルっとしたスタイル。
女の子らしい。
昔より今のジッパーちゃんたちはガーリー♥♥ マスカラの量が圧倒的にふえてる! 昔はモテない女子たちのように言われることが多かったが…
かわいいギャルメイクに近いスタイル。今のジッパーちゃんたちはモテモテだ!

フェリシモ　haco.

NUSY × おおたうに

Specialコラボ企画

アイテム
全部
見せます

inu

右から
読むと
uni★

フェリシモちゃんとわたくしは、気がつけばけっこう長いおつきあい。
haco.の文章をすべて手がけているライターの友人が、紹介してくれたのがはじまりでした。
お洋服をデザインさせていただけるようになるなんて素敵な未来、あの頃は考えもしなかった。
毎回スタッフのみなさんと、おかしなサンプルに笑ったり泣いたりしているうちに、
こんなにたくさんのアイテムが誕生しました！

inuブランド誕生！

NUSYのロゴは「nu」。その前に「i」をつけるとあらフシギ。うしろから読むと「uni」になる！　こういうとこのヒラメキは天才かもとか自分で思う。

haco. **vol.10**

あったかニットの帽子

オンナノコワンピース

ちょっぴりオトナ
ベロアつなぎ

あったかニットブーツ

朝露みたいなアクセサリーたち。キラキラしてます。
ここのボタンが乳白色でカワイイのよ〜。背面にも♡
フリルはリボンをくしゃっとたたんだシャンパンカラー。
パープルのようなグレイのようなフシギ色。朝もやのイメージです。
ふんわりスカートはNO.44に出てくるよ！

チュールでガーリー

涙形ガラスのアクセサリーシリーズは、なかなか使い勝手が良いです。なんとなくコツをつかみ始めた頃ですな。スカートもよく着ます。重ね方を逆にしても1枚ずつでもOKなんだよ。

haco. vol.12

haco.
no. 12
新装刊
あのショップより、
カワイイかも

朝露キラリ
ネックレス

重ねてかわいい
ふんわりスカートセット

フリルがかわいい
オンナノコワンピース

朝露キラリ
ピアス

朝露キラリ
ブレスレット

haco. vol.13

haco.
no. 13
第13号
あのショップより、
カワイイかも

乙女の祈りシリーズ

これねー、Snoop DoggのPV観てて、「刺繍のフーディいいな〜」と思って作ったの。だからフードがかなり大きめなの。ウエッサ〜イ！お気に入りアイテムなので、このあともリバイバルします。スクエアネックが台形になってしまったのが悔やまれる･･･。

レース★スウェットの会

マリアさま風ロングパーカー

乙女の祈りシリーズ
が完成したよ!!
レースは安っぽいうすーいやつではない!! しっかりしてて
そぼくでかわいいの。
デニムにもスカートにも合わせるものを選ばぬスグレモノ!!
↑実はこういうふうに前にたれるレースのパーカにしようかと思ったのだが
中学生の頃からこういうのが欲しい!!と願いつづけて20年!!(←わ〜)ついについに完成!!のマリア様スエット!!
スクエアネックに幅広レースの3色展開。今すぐ着たいんです!! 私が!!
こちらはとあるラッパーのPVよりインスパイアされた(笑)レースつきフーディー。
そではパフ
フード部分は大きめに、赤ズキンちゃんのようなかんじに作ってもらった! ほんとに理想の大きさ!!
ポケットにもレースが♡
ワンピースっぽくも着られる長めの丈です。前開けて中のワンピース見せたりしても。
むーんカワイイ

冬はフワン♥シルエット

haco. **vol.14**

テーマが「コクーン」だったので、こういう感じになりました。ニットは色糸選びからやらせてもらったよ。NUSYのマスコットであるひつじちゃんをつなぎにしました。ムフ♥

ボタンがいっぱい
バルーンワンピース
生成り

other

濃紺

ロング丈ふんわりミックスニット
薄グレイ

other

ベージュ

レーススウェットストールの会

other

ヒツジ
ロンパース

リボン付き
黒ヒツジロンパース

こちらはレースつきスエットシリーズから
大版ストールの登場!
お着物にも合わせられる!
をモットーに。
巻き方によっては、
スカートやボレロの
ような役割も
果たすよ。
自分に似合う
ボリュームで
巻いてね!
こういうシルエット
大スキ♥♥
こんにちは!
今年の冬もまた
ステキな
ステキな
お洋服
たちが
できました♥
こだわりに
こだわった
ところを
きいて〜!!
そして!! 毛色の配色から
創らせて
いただいた
ローゲージ
ニット!!
2色とも
ほんっと一に
カワイイ!!!
大スキな
色!!
そして形!!
ボタンは
大きく!
えりは
大きく
ざっくり!!
など、
何度も
試作を
重ね
ました!!
胸元に
クリアな
ボタンを
びっしり
つけたい!!
と、
ずーっと
考えていた
ことが
ついに叶った〜!!
マユのように
フワンとした
シルエット♥
もうひとつは
パープルと
草色など。
安いの…♥
どんどんたのしく
なる。
私かるく天才かも
って思ったよ(笑)!!
いちばん
さいごに
完成した
ワンピース。
ガボッと
着られて
すごく
カワイイ。
バルーン!
ごついブーツと
合わせたいなー。
去年のニットブーツ
持ってる方は ぜひ!!
そして
お待たせ!!
nusyちゃん
といえば
ひつじ!!
あの伝説の(!?)
ひつじつなぎが
フッカツ!!!
キャー♥
黒ひつじちゃんも
登場です!!

姫道 オオタウニ
Spring♥
春の最強アイテム作ったーー!!
この水色デニムのワンピース!!! どうですか!!!
春のデイトにショッピングに! そして行楽にと大活躍まちがいなし!
そでぐちと胸元は折り紙のように細いリボン状?に折りこんでいます。
キシシ
そのまま一枚でも、パンツやスカートに重ねてもカワイイ。
デニムワンピって! 胸キュンよ!
大大大スキ!な「オズの魔法使い」のルビースリッパ。ずーっと憧れつづけて20年。ついについに!! ドロシーをエメラルドの都に導いた靴を手に入れたよ!
丸みのあるコロンとしたフォルムにぺたんこのヒールは、どんどん歩けるステキ機能。
くつ下を合わせても♥ スパングルがキラキラと躍ります。
ほかにはないぜ!なカラーバリエもいろいろ考えました!

春の最強アイテム

haco. **vol.15**

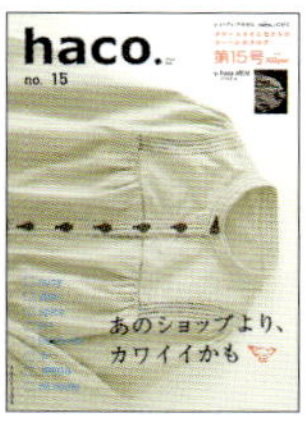
haco.
no. 15
第15号
あのショップより、
カワイイかも

このワンピースにポケットをつけなかったことを今も後悔中。
バレエシューズは、幅広足でもガンガン履けるよ! なかたち。「オズの魔法使い」の靴を、どーーしても作りたかった! カカトを鳴らせば大スキなひとのところへ行けちゃうの!

水色デニムワンピース

リボン付きキラキラバレエシューズの会

避暑地のお嬢様

だんだん上手になってきた(笑)。この麦わら帽は、なかなかいいかたちにならず、何度も何度もサンプルチェックを繰り返した苦心の作。そのおかげで、かなり使える一作になりました。ピアスもパンツもヘビーユーズ☆チェックシャツを着てくれてる方をよく見かける!

大きなわっかピアス

大きなリボンの帽子

リボン&バルーントップスの会

ギンガムウシロリボントップス

水色クロップドデニム

ポンチョパーカー
チャコール

other

ベージュ

ミックスカラーの
ロングニット
パーカーの会

haco. vol.18

haco.
no. 18
あのショップより、
カワイイかも

冬のフーディ祭り

とにかく大きいフードをかぶっている状態が好きなので、冬はフーディ祭り！　やはりニットは糸から選び、いろんな表情のつけられるかたちに。最初はもっと長くして、スリップとセットにしようかと話していました。

レースワンピースの会

コンパクト
ベロアパーカーの会

みなさん お久しぶり!!
今回は 冬のフーディ祭り だよー!!
ゆったりフーディを かわいく着こなせ!!
去年のモヘアニットにつづいて、今回はフーディ×半袖ニット! ボリュームがあるので重ね着は上より下に。ロンTを出して着たりしてね。
こちらも去年の→「マリアさまパーカ」の赤ずきんちゃんバージョン。(赤くないけど) コンパクトなシルエットでガーリーに!
アンティーク風の幅広レースがほんとにかわいいスリップドレス。タートルワンピの上から重ねてもgood♥
「マリアさまパーカ」ベロアバージョンはオーソドックスなジャージスタイル。
ベロアなのでスポーティになりすぎない。
ベロアはスモーキーな色が楽しい。
ショート丈のムートンをかわいらしく合わせたりして。
レースのワンピースを下からのぞかせればラブリーに、スキニーデニムやミニスカートにパンプスを合わせたらL.A.ガールみたい!!
着方イロイロ。

NUSY×おおたうにさんのコラボ企画を始め、"カワイイ""楽しい"がいっぱい詰まったツーハンカタログ「haco.」は季刊で発売中！ 詳しくはhttp://www.felissimo.co.jp/haco/をチェック！
（WEBで掲載されていない商品は販売終了となります。）

心願成就
菅沼利雄
家内安全 無事息災
平成十一年八月八日
心願成就
平井禮子

UNI PHOTO

今日のかっコ
淡水パールも∞も重い〜!!
ギャルソン1万円ドレス
リュック×ライダース
古着ブーツ

下町さんぽ

「かんざしとか和菓子とか、江戸のかわいいものを探索するのって面白そう♥」そんな日頃の何気ないおしゃべりから生まれた、チェリーコーク特別企画。風鈴作りで江戸の息吹を感じ、レトロな街並みの残るエリア、谷中・根津・千駄木…通称〝谷根千〟の素敵ショップでお買い物♪ さぁ、うにさんと一緒に下町さんぽにでかけましょ。

CHALLENGE!

まずは
ガラス吹き
に挑戦!!

Level 1

Let's

START!!

指を出すと、パカパカ手を振る亀子ちゃん。お子さんたちが夏祭りで買って来たんだって。1年でかなりの大きさ！ かわいい亀～☆

BUBUBU.....

風鈴作り

@浅草

最初は黄色で、熟れていない部分を表現！してみるつもりでぬりぬり。

ひとつめは子供の頃から大好きな、ヨーロピアン的アンティーク風のチェリーを。（↑大きく出た）

1個目できた♪
まんまるプリティチェリーだよ

2個目は
シックなチェリーに
仕上がりました！

ブラックチェリー！2コめなので、フォルムが上手に描けるようになってきたよ。もっとやりたい。

ふたつめは、迷い迷って決定！ 私は、真剣すぎるとかなりおかしな顔つきになります。

さらに
2個目★

Level 3

Level 2 お次は絵付けでございい

わたくしも絵描きのはしくれ。さあがんばって描きましょうぞ。ポスターカラーなんて久しぶり！

大将が吹くと見事な風鈴になるのに、力加減のわからぬ我々は、ぷうっと吹きすぎまるでラップのような薄さになって切れてしまう！ プロの技術はやっぱりすごい！

真剣

口が小さいから
フチの絵つけは
むずかしいの!!

入り口が狭いのでむずかしいぞ。「チェリーコーク」なので、今日はさくらんぼしばりです。

キャー
さすがプロの技!!
種類もいっぱい

GOAL!!

できたー!!

でーきた☆ ふたつとも、大将のアシストで私が吹いたもの。まったく音色が違うんだよ。おもしろい〜〜。夏が愉しみです☆

THANKS!

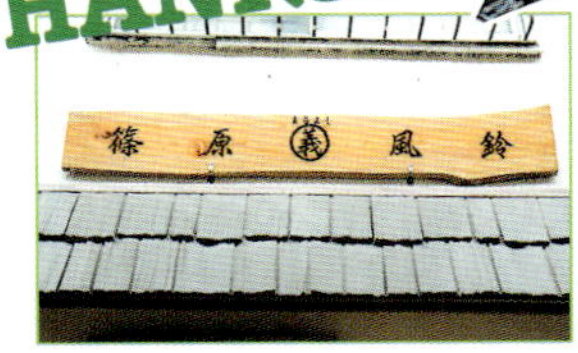

篠原 義 風鈴

江戸風鈴
篠原まるよし風鈴

こちらの風鈴は、「宙吹き」という江戸ガラス伝統の製法で作られており、絵柄も手描きだからひとつとして同じものがないんだよ。自分だけのお気に入りの音色に出逢えるはず♪　絵付けも、気さくな職人さんと奥様に教わりながら体験させてもらえるので、興味のあるヒトは是非！

東京都台東区台東 4-25-10
☎03-3832-0227

ACCESSORIES

GET!

アクセに興奮
イタリアンに舌鼓

@千駄木

おりぼん大スキ

カワイイがいっぱい!!

行くはずのハンバーガー屋さんがディナーのみ！だったので、ランチを求めて歩き出す。すると！ちいさくて可愛いお店の入り口を発見！ランチどころではありません。まずは中を確かめねば。オーナー自らが買い付けに行かれるというアクセサリーは、一筋縄ではいかない可愛さのものばかり。抗えぬ魅力についつい手が伸び、とってもかわいいゴールドリボンのペンダントを購入。重いけどかわいい！

センスの良いひとは、大抵味のセンスもピカイチ☆近所にお住まいだというオーナーさんにオススメのお店を伺うと、すぐ目の前のイタリアンを教えて下さいました。ここが!!! 久々の!! 大ヒット!!! 最初のサラダプレートから最後のデザートまで、驚嘆のおいしさ！絶対ディナーに行く！決定だ！

goldandbouncy

アクセサリー屋さんに教えていただいたイタリアン!! 激美味

ITALIAN LUNCH

神社へ参拝 運命の出会い!? @根津

Meow

手を合わせると
無心になります。

初めての根津神社、なんと友だちの会社の先輩のご実家だった！　見事に全体が工事中で、撮影してくれた友人やぎちゃんが「これは〜〜〜」と笑ってた。それでも素敵スポット満載！　とくに鳥居の階段は、西日が射して趣いっぱい。ここを通って、私たちは神様の胎内に戻るのです。

犬を連れたおじさんや近所のおじいさん、みなさん本堂の前を通るとき自然に頭を下げてゆかれます。愛されている地元の神様、素敵でした。

猫ちゃんもわんさかいるうえに、我らが船越栄一郎先生演じる「捜し屋諸星」がっ!!　なんじゃこの素敵街は。みんな行くべき!!

SHRINE VISIT

ニャー♥

ネコも犬も
人間も、
こってるとこは
みな同じ

FATEFUL MEETING!?

zzz

へび道

キター!!
フナコシさま!!!

捜し屋 諸星光介

夕闇だんだん、、今日に「Kiitos!」 @谷中

かなり暗くなってから訪れた商店街は、懐かしい冬のはじめの喧噪に満ちています。「ごはん前だから」と、噂のメンチカツを食べなかったことが非常に悔やまれます。夕飯くらいヨユー入っただろうに!

お店が見つからずにうろうろしていたら、通りかかったお子さんたちが教えてくれた。もんのすごい的確な説明だった小学生のお姉ちゃん、汚れたうちの連れ2名がまったく信じなくてごめんなさい。あいつらは、世の中を見すぎちまったんだ……。

ここで育ったら、ものすごくまっとうなおとなになりそうだ。ものすごくまっとうな、こどもとおとなが街中にいっぱいの、正しい日本の姿であった。

YANAKA

今日のお買い物

おもしろ猫ちゃん紙ナフキン。奥さまの好きなグッズ、だと思っている。

にゃんと、鞄です。さいきん手ぬぐいで作るこういうバッグをよく見ます。自分でも作ってみたいなー。

てぬぐい

富士山とうさぎはうにチョイス。こういうダイナミック&シンプルな感じが好み。(男性的になりすぎなので、ミキティのカブで女の子もプラス♥

日本の伝統美
和紙
あるばむ

よく見えないかな？銀色で波が描かれています。どうもこういうのが好きなわたくし。もっと誌面のバランスを考慮すべき。これはアルバムだよ。かわいい。

おまけのUTAGE

アンティークショップで買い忘れたものに後ろ髪引かれつつ、夜ご飯は貝づくし！私は生の貝が、だーいすき♥午前中から歩き続け、喋り続けた3人。ようやくビールにありつけた。わーい、かんぱーい☆おつかれさま！初めて訪れた谷根千は、ちいさくも丁寧な生活がゆっくりゆっくり紡がれた、やわらかくてあたたかい街でした。絶対また行きたい！四季折々、いろんな表情が楽しめそうです。

ワタシは貝が大スキ♡
たべるのも ひろうのも。

epilogue

おわりに

「チェリーコーク」は、私にとってとくべつで、いつも試行錯誤の最前線にあるものです。なにせ、初めて具体的に世に出た作品であり、たぶん私の代名詞であり、今でも続く超長期連載なのですから！

「連載すること」も、書籍化も、スランプめいたものも、みんなチェリーを通らずに私にやって来ることはありません。いつでもこの長い友だちが、それを経験する入り口となりました。

書籍作り初体験の担当ミキティこと澤田美樹さんにとってもそれは同様で、同じものを通して似たような経験をしていることを、心強く思いました。

大好きでたいせつな連載でありながら、今までは力不足で納得のいく形の書籍にできなかった。今回、ようやく近づけたのは、それを理解してくださった彼女や、「絶対にこの方です！」と大推薦の荻原佐織さんのシャープでキュートなデザイン、そしてＺｉｐｐｅｒちゃんの懐の深さのおかげ！

昔も今も、素敵なお洋服に出逢うとこみあげてくるわくわく感は変わりません。「見て見て！かわいい服買っちゃった！」やっぱり私はそんなふうに、いつでもみんなに報告したいし、ファッションやお洒落ってほんとうに楽しいねって、女の子たちとはしゃぎたい。

10年続いてるって気づいたとき、すごいことだ！ とびっくりした。流行や風俗を追うのも楽しい。だけど、お洒落をするって、もっと普遍的で毎日のこと。若い頃にぼんやりと感じてテーマにしたものが、なんとなく証明されたようで、そのことに驚き、嬉しく思ったのです。

これから、どんな10年を送るのかな。すこしおとなになっても、選ぶものにたいした変化はありません。生活や状況が変わっても、たぶん私たちは、こんなふうに、お洒落を愉しんでは、笑ってお喋りしてるはず。きっと、ずっとね。

ミキティ、荻原さん、古びた私物の数々を、まるでカタログに載っているような美しさに変えてくださったカメラマンの志賀さん、ご子息の俊祐くん、昔からの担当さんをして、「初めてうにさんがまともな顔して写ってる！」と言わしめた旅写真を撮ってくれた我が友八木ちゃん、編集長磯本さん、竹口さん、そして松岡あかねちゃん！ どうもありがとうございます♥♥♥ これからも、どうぞよろしく！

Cherry Coke　bottle 1

2008年12月20日　初版第1刷発行
2009年　4月15日　　　第5刷発行

著者　おおたうに

発行人　竹内和芳

編集　澤田美樹

デザイン　荻原佐織

撮影　志賀俊明
八木虎造

発行所　株式会社祥伝社
〒101-8701　東京都千代田区神田神保町 3-6-5
販売　tel 03-3265-2081
編集　tel 03-3265-2117
業務　tel 03-3265-3622

印刷　図書印刷株式会社
Printed in Japan

ISBN 978-4-396-43021-4　C0076

この本は、『ビーズアップ』（ベルシステム24）2004年 3月号～9月号、『Zipper』（祥伝社）2004年 11月号～2008年 7月号に掲載されたものを大幅加筆・修正したものと、書き下ろしをまとめたものです。

造本には十分注意しておりますが、万が一落丁乱丁などの不良品がありましたら、「業務部」宛にお送り下さい。送料小社負担でお取り替えいたします。定価はカバーに表示してあります。

おおたうに

かわいいものときらきらしたものが大好きなイラストレーター。2月17日生まれ。AB 型。
ファッションを中心としたイラスト＆エッセイで多数の雑誌に連載を抱える一方、その斬新なセンスで、アパレルブランドとのコラボなど幅広く活躍中。主な著書に『うにっき』シリーズ（幻冬舎刊）、『ウニノコトノハ』（祥伝社刊）、『乙女の教科書』（メディアファクトリー刊）などがある。
おおたうに公式サイトhttp://www.babygirl.jp/